AF345675

Cucina Indiana Casalinga in un Lampo

Prasenjeet Kumar

Published by Cooking In A Jiffy, 2020.

"Cucina indiana casalinga in un lampo"

Autore PRASENJEET KUMAR

Copyright © 2015 PRASENJEET KUMAR

Tutti i diritti riservati

Distribuito da Babelcube, Inc.

www.babelcube.com

Traduzione di Laura Carletti

Editor Maria Paola Fortuna

"Babelcube Books" e "Babelcube" sono marchi registrati Babelcube Inc.

Sommario

I. In cerca di cibo indiano a Londra 1

II. In cerca di cibo "casalingo" in India.................................. 6

III. Il cibo indiano "casalingo" è diverso da quello "da ristorante"?.. 11

Pesi, misure e alcune osservazioni.................................. 15

Capitolo 1: Come attrezzare una cucina essenziale 16

Capitolo 2: Pentola a pressione, sì o no?.................................. 19

Capitolo 3: Intrudzione alle spezie e agli ingredienti fondamentali Indiani 22

Capitolo 4: Che altre cose strane devi sapere sulla cucina Indiana?.. 28

Capitolo 5: Riso e pane.. 39

Riso bollito 41

Riso allo yogurt 44

Riso al limone 46

Riso alle cipolle 48

Jeera pulao (riso al cumino) 50

Mattar pulao (riso con piselli)................................ 53

Khichdi (piatto unico di riso, legumi e verdure)............... 56

Il classico roti/phulka/chapati 61

Poori 63

Varki paratha classico 65

Capitolo 6: Dal (legumi) 68

Arhar dal (caiani spezzati) 69

Arhar dal (variante con semi di senape nera, cipolla, aglio e foglie di curry) 71

Chana dal (ceci spezzati) 73

Masoor dal (lenticchie rosse) 75

Dhuli masoor dal (lenticchie rosse spezzate) 77

Dhuli moong dal (fagioli mungo neri decorticati) 79

Sambar 81

Rajma (curry di fagioli rossi) 84

Chhola (curry di ceci) 87

Karhi (curry di yogurt e farina di ceci) 91

Capitolo 7: Piatti vegetariani 94

Band gobi, gaajar, aloo, mattar sabzi (curry con cavolo, carote, patate e piselli) 95

Fagiolini al cocco 98

Cavolo, carote e piselli al cocco 100

Paneer grigliato...102

Mattar Paneer (Curry di paneer e piselli) 103

Verdure miste con latte di cocco 106

Lauki (Zucca a fiasco) 110

Palak baingan (spinaci e melanzane) 112

Palak paneer (curry di paneer e purè di spinaci).....................114

Sarson Ka Saag (piatto di foglie di senape) 117

Purè di patate alla maniera dell'India meridionale................120

Aloo gobi (patate e cavolfiori)................................122

Aloo bharta (purè di patate) 124

Baigun Bhaja (melanzane fritte) 126

Kohra (delizia alla zucca) 128

Capitolo 8: Pesce e pollame 131

Curry di pollo 133

Curry di pollo con salsa 136

Murgh makhani (pollo al burro) 139

Curry di pollo e cocco........................143

Keema mattar (curry di macinato e piselli) 146

Kofta curry (curry di polpette).........................149

Pollo arrosto "tandoori" 152

Curry di uova e patate 155

Pesce in padella 157

Machher jhol (pesce in curry leggero) 159

Tamater sarson machhali (pesce in salsa di pomodoro e senape) 162

Dahi sarson machhali (pesce con salsa di yogurt e senape)..165

Pesce alla moda del Kerala 167

Capitolo 9: Snack e contorni 169

Pakora (verdure in pastella) 170

Pakora di cipolle 171

Paneer pakora (paneer in pastella) 173

Palak pakora (frittelle di spinaci) 175

Gobi pakora (cavolfiore in pastella) 177

Baingan pakora (melanzane in pastella) 179

Aloo pakora (patate in pastella) 181

Lauki pakora (zucca a fiasco in pastella) 183

Chiura o poha fritti (fiocchi di riso) 185

Aloo tikki (crocchette di patate) 187

Paneer tikki (crocchette di paneer) 189

Chutney 191

Chutney di pomodoro 192

Dhania pudina chutney (chutney di menta e coriandolo) – versione dolce 194

Dhania pudina chutney (chutney di menta e coriandolo) – versione salata 196

Raita 197

Raita di mele 198

Raita di cetrioli 199

Raita di ananas 200

Raita di menta e coriandolo 201

Capitolo 10: Dolci 202

Besan Halwa (dolce di farina di ceci) 204

Suji halwa (dolce di semolino) 206

Aatey ka halwa (dolce di farina integrale) 208

Chawal ka kheer (budino di riso) 210

Natun gud ka kheer (budino di riso con jaggery di palma) .212

Sevai kheer (budino di vermicelli) 214

Ghola prasad o aatey ka kheer (porridge di farina integrale) 216

Budino di frutta...218

Budino senza uova 220

Sandesh (paneer dolce)..222

Natun gud sandesh (dolce di paneer e jaggery di palma) 224

Kachha gola (palline dolci di paneer)...................................226

Capitolo 11: Bevande 228

Frullato di mango...230

Frullato di mango istantaneo...232

Frullato di banana 233

Frullato di kiwi 234

Frullato di fragola..235

Frullato misto 237

Caffè freddo 238

Caffè freddo con gelato...239

Lassi di mango 240

Lassi di rosa 241

Nimboo paani (limonata indiana) 242

Capitolo 12: cucinare per gradi, procedere in parallelo e progettare un pasto Indiano completo...................................243

Altri libri di cucina di Prasenjeet Kumar 249

Libri di NARRATIVA di Prasenjeet Kumar 251

Libri di Prasenjeet Kumar per Persone Introverse, della Serie "Quiet Phoenix" 252

Libri di Prasenjeet Kumar della Serie "Self-Publishing WITHOUT SPENDING A DIME" 253

Contatta l'autore 254

L'autore..255

Ringraziamenti

Questo libro è dedicato innanzitutto a tutti quei visitatori, fan e sostenitori del mio sito cookinginajiffy.com e a quelli delle pagine Facebook e Twitter correlate. Sono davvero grato per i commenti incoraggianti e i suggerimenti costruttivi; non solo mi hanno sollevato il morale in alcuni periodi davvero frustranti, ma mi hanno spinto a scrivere questo libro.

Da quando ho lanciato il sito nell'aprile 2013, la mia vita è stata una specie di montagna russa. A settembre 2013 ho pubblicato il mio primo eBook "How To Cook In A Jiffy: Even If You Have Never Boiled An Egg Before," e la versione cartacea è uscita il mese successivo. Con lo slogan 'il libro di cucina più facile del mondo,' si rivolge ai principianti assoluti, quelli che potrebbero davvero non aver mai bollito un uovo.

È il momento di guardare avanti e rivolgersi a chi vuole sperimentare la cucina "casalinga" indiana. Da qui il secondo di quella che spero possa essere un'infinita serie di libri per "Cucinare qualunque cosa in un lampo,"

Come sempre, dedico il libro alla mia carissima madre, la creatrice originale di queste ricette. È davvero fantastico come, nonostante il lavoro (in realtà è una dirigente presso il Servizio Amministrativo Indiano), trovi il tempo non solo di cucinare ma anche di sperimentare.

La maggior parte dei mariti lascia le mogli a cucinare mentre loro guardano la televisione o giocano a golf. Tuttavia, ho visto spesso mio padre aiutare mia madre in cucina senza esitazione. L'obiettivo, di solito, era cucinare un pasto completo da zero in meno di mezz'ora, ed è strabiliante constatare quanto spesso ci siamo riusciti. Il premio era considerare il tempo dedicato alla cucina come tempo dedicato alla famiglia; tagliamo, laviamo, cuociamo e friggiamo fianco a fianco con una pianificazione, coordinazione e sequenza nelle operazioni tale da far vergognare la NASA! Perciò dedico questo libro anche a mio padre, che a volte si prende la briga di "suggerire" su cosa debba vertere il libro, e che talvolta mi dà suggerimenti per l'editing.

Infine, dedico il libro a tutti gli amici, parenti e conoscenti che hanno assaporato la cucina di mia madre, a casa mia o al lavoro, tormentandomi per avere le ricette. Sono specialmente grato di avermi aiutato a schiarirmi le idee sui molti diversi tipi di cucina "casalinga" che coesistono in un paese complesso come l'India.

I. In cerca di cibo indiano a Londra

Lo ammetto. La cucina indiana era proprio il mio ultimo pensiero quando, nel settembre 2005, sono atterrato a Londra per studiare legge alla University College London (UCL). La mia priorità era SOPRAVVIVERE – trovando cibo, di qualunque tipo, che potesse in qualche modo placare i morsi della fame. E così per mesi, nonostante mi sostentassi con panini "plasticosi," zuppe sciape, insalate insipide e innumerevoli tazze di caffè, mantenni un atteggiamento all'insegna del "va bene così."

Poi l'aumentare delle spese e l'abbassarsi del livello nutritivo mi obbligarono a investire in qualche pentola e padella di base. Solo allora iniziai a muovere dei primi, incerti passi nel "meraviglioso mondo della cucina."

Dovetti iniziare dalle basi, dal bollire (e sbucciare) un uovo, al preparare un panino con uovo, a rosolare verdure, e infine a preparare un essenziale ma molto nutriente pasto da tre portate a base di zuppa di pollo, pollo panato e pane all'aglio. Se anche tu sei un principiante, forse potresti pensare di partire dal mio primo libro, "How To Cook In A Jiffy: Even If You Have Never Boiled An Egg Before."

E poi mi sono imbattuto in Krishna. Una classe più avanti della mia al St. Stephen's College di Delhi, anche Krishna stava studiando legge, ma alla London School of Economics (LSE). Girava spesso con Harpal, uno studente Sikh di Chandigarh, che studiava economia alla LSE. Entrambi erano rigorosamente vegetariani, perciò al contrario di me non potevano sopravvivere solo di zuppe e panini. Dovetti riconoscere la loro difficile situazione, perché nemmeno io riuscivo a pensare a una mensa scolastica che avrebbe potuto servire almeno due diverse varietà di zuppe e di panini vegetariani.

Neppure la pizza o il gelato, venni edotto, potevano considerarsi vegetariani in quanto contenevano formaggi e gelatine di origine animale.

E a voler rigirare il coltello nella piaga, nessuno dei due aveva mai assaggiato del cibo così insipido in vita loro. A casa, in India, a volte mangiavano "cibo occidentale" come pasta, pizza o panini ma non erano totalmente privi di sapore come nel Regno Unito. Tutto aveva meno sale, o addirittura non l'aveva! Le verdure venivano servite bollite, senza nessun tipo di spezia. Anche i dessert erano a malapena dolci.

La Casa dello Studente di Krishna serviva del cosiddetto "cibo indiano" una volta a settimana. Ma si trattava delle classiche interpretazioni inglesi di popolari piatti indiani come pollo korma, pollo tikka masala o manzo rogan josh. Anche senza essere vegetariani, difficilmente si trovava qualcosa di "indiano" in questi piatti. Per i vegetariani stretti, ovviamente, non c'era quasi nulla tranne l'occasionale "curry vegetariano." Si trattava di una spolveratina di un qualche "curry indiano" sulle verdure bollite, come si farebbe con il parmigiano sulla pasta. Niente di entusiasmante da scrivere a chi era rimasto a casa

Era innegabile che, nonostante ci mostrassimo coraggiosi, a tutti mancava terribilmente la nostra cucina indiana "casalinga." Alla fine trovammo il coraggio di avventurarci a cercare qualche ristorante "indiano." Come scoprimmo ben presto, erano gestiti principalmente da immigrati provenienti non necessariamente dall'India, ma anche dal Bangladesh, dal Nepal, dallo Sri Lanka, dal Pakistan, insomma da tutto il subcontinente indiano. Alcuni di questi sgangherati locali, comunque, promettevano cibo che "ricordava agli indiani loro casa in India."

Un giorno entrammo in uno di questi ristoranti per pranzare nel centro di Londra. Il locale era gestito da un indiano molto scontroso (o forse era un pakistano), che ci chiese abbastanza freddamente cosa potesse fare per noi. Quando chiedemmo di vedere il menu, ci venne dato con riluttanza un foglio plastificato molto usato. Una rapida occhiata e capimmo perché il proprietario non era proprio entusiasta di accogliere indiani. Ogni piatto costava tra le 20 e le 25 sterline. Anche le bibite venivano più di 5 sterline l'una. In India, neppure un hotel a 5 stelle oserebbe proporre prezzi simili, e quel ristorante era ben lontano dall'essere a 5 stelle, quanto un taxi lo è da una Mercedes.

"Perché sono così cari?" Infine Harpal trovò il coraggio di chiedere in hindi.

"Senti, non credo siano cari per gli standard inglesi. Inoltre devo importare il masala e gli altri ingredienti dall'India, e questo fa salire i prezzi," risposte il tizio, con l'aria di voler dire "prendere o lasciare."

Ci scambiammo qualche occhiata furtiva e decidemmo di ordinare un piatto di agnello tikka (agnello arrosto) per me, e paneer–mattar (curry con formaggio e piselli) e riso per Krishna e Harpal. Il conto finale fu di circa 50 sterline! Quando dopo circa mezz'ora i piatti arrivarono al nostro tavolo, rimasi scandalizzato nel vedere che l'agnello tikka era quasi rosa. I pezzi di carne non erano stati arrostiti a dovere; alcuni sembravano crudi, altri bruciati. Per mascherare il tutto e far sembrare il piatto più appetibile, il cuoco aveva aggiunto del colorante rosa!

Il paneer–mattar era un po' meglio, a parte l'essere molto oleoso. Il cibo era diverso da quello delle mense, ma a malapena soddisfacente – secondo Krishna il paneer mattar non era molto fresco.

"Quando è stato preparato il paneer mattar?" chiese.

"Tre giorni fa" rispose il tipo senza battere ciglio.

Scioccati, e più poveri di 50 sterline, giurammo di non cercare mai più cibo indiano nel Regno Unito.

I mesi passarono, e noi diventavamo sempre più nostalgici e depressi. A Krishna in particolare mancava il suo cibo "casalingo," l'odore del sambhar (ceci spezzati cucinati con un metodo tipico dell'India del sud) appena fatto servito con riso caldo e verdure.

Un giorno Prakash, un cugino di Harpal che gestiva un hotel a Inverniss, Scozia, venne a trovarci a Londra e ci portò da Wagamama. Davanti a ottimi piatti fusion, Prakash ascoltò le nostre disavventure e ammise che anche lui aveva avuto esperienze simili. Una via d'uscita fattibile, ci disse, era acquistare prodotti già pronti dai negozi indiani nel centro di Londra.

Rinfrancati da questo suggerimento, iniziammo ad acquistare cose come il paneer mattar, pollo al burro e persino le paratha (pane fritto non lievitato). Nonostante in qualche modo saziassero il nostro bisogno di cibo indiano, non esaudivano neppure lontanamente il nostro desiderio di cibo indiano "casalingo."

II. In cerca di cibo "casalingo" in India

Nel novembre 2009, armato della mia laurea in legge e dell'abilitazione da avvocato, ero di nuovo in India. Avevo trovato lavoro in uno degli studi legali più importanti dell'India come specialista in diritto d'impresa. L'ufficio, molto chic, era al centro di Delhi, vicino ai ristoranti e locali più popolari, e a tutte le catene di fast food del mondo.

Il mangiare non era dunque un problema. Potevi mangiare una pizza da Domino's un giorno e saag (agnello con purea di spinaci) con del naan da Kake Di Hatti quello dopo. Anche i ristoranti cinesi erano a un tiro di schioppo. Alcuni locali offrivano pure dei sontuosi buffet a pranzo. Una vera fortuna per quei giorni in cui avevi saltato la colazione ed eri davvero affamato.

Poi i miei genitori vennero trasferiti a Delhi ed ebbi di nuovo accesso a "cibo casalingo" buono e sano. L'ufficio aveva un'area per il pranzo equipaggiata non solo con tavoli e sedie, ma anche con frigorifero e microonde. Perciò mi portavo il pranzo da casa, lo mettevo in frigo al mio arrivo e lo riscaldavo durante la pausa pranzo.

Notai che molti dei miei colleghi, che vivevano ancora da soli in affitto, non seguivano il mio "esempio" Un collega più anziano continuava a ordinare cibo sia dalla caffetteria dell'ufficio, sia dal vicino fast food indiano. La qualità del cibo era molto variabile. Alcuni giorni era fresco, altri non proprio.

Alcuni di noi pensavano che cercasse solo di darsi delle arie, perché poteva permettersi di ordinare il pranzo da fuori, mentre noi comuni mortali no.

Ovviamente non era molto carino da parte nostra. Una volta, mentre eravamo fuori per una riunione importante, questo mio collega lamentò terribili crampi e gonfiore allo stomaco. Pensava fosse colpa del cibo ordinato il giorno prima dal suo locale "preferito."

Mi mostrai comprensivo, ma alcuni colleghi più giovani pensavano fosse una balla per non dover lavorare fino a tardi quel giorno.

Una visita dal dottore, e un paio di test a seguire, dimostrarono che non mentiva. Venimmo a sapere che la colpa era dell'olio per cucinare riusato nel suo locale preferito.

Apprendemmo che se l'olio viene riscaldato più volte, per preparare piatti fritti come il poori (un tipo di pane), o le pakoda (frittelle di farina di ceci), si sviluppano degli acidi grassi che possono danneggiare il sistema digestivo.

"Ma perché non ti porti il pranzo da casa?" chiesi molto preoccupato.

Mi spiegò che non sapeva cucinare.

"Ma non hai qualcuno che ti aiuta in casa?" insistetti.

"Sì, ho una cameriera part-time ma è del sud e non sa cucinare quello che voglio io. Magari la prossima volta che vado a

Jharkhand, mi porto qualcuno che sappia cucinare il "mio" cibo casalingo" mi spiegò pazientemente.

Un'altra collega, similmente, viveva da sola a Maharani Bagh, un quartiere molto lussuoso di Delhi. Odiava il "grasso fast food indiano," come lo descriveva lei, con cui campava il collega più anziano. La sua soluzione era portare da casa del dahi (yogurt) e papaya a pezzi per pranzo. E di nuovo era un fioccare di prese in giro. Alcuni sostenevano che si portava pranzi così "frugali" perché era perennemente a dieta, in modo da preservare il suo fisico statuario.

La pausa pranzo era comunque divertente, tra amichevoli sfottò e prese in giro. Gli indiani hanno inoltre una naturale tendenza a condividere il cibo. Perciò non era inusuale per noi prendere un boccone o due da altri pranzi mentre scambiavamo opinioni su quanto era stato terribile il capo o un cliente quel giorno.

Il mio sembrava essere l'unico pranzo "come si deve," e ricevevo sempre qualche commento invidioso dei miei colleghi su quanto fosse bello e buono.

"Il dal sembra fantastico," commentava uno.

"L'odore del riso basmati è davvero appetitoso," faceva un altro.

"Un giorno devo imparare a cucinare da tua madre," dichiarava un terzo.

Trovavo questi commenti piuttosto curiosi. Pensavo che il mio pranzo fosse davvero semplice, con un po' di riso, dei dal (gli arhar dal, ossia caiani decorticati, erano i miei preferito) e una porzione di verdure (per esempio, fagioli al vapore con cocco). Tutto in piccole quantità, adatte a una sola persona. Non avevo mai pensato che fosse niente di eccezionale. Dopotutto non avevo mai "piatti gourmet" come dal makhni (lenticchie al burro), pollo al burro, o kadai paneer (formaggio fresco cotto nel wok) tali da far dire wow alla gente!

E all'improvviso ebbi l'illuminazione: la cultura del "mangiare fuori" era diventata così pervasiva da rendere la cucina casalinga una sorta di rarità. In passato, le donne di solito imparavano a cucinare dalle madri e continuavano a cucinare presso i suoceri. Anche le domestiche addestrate e supervisionate dalle madri e dalle nuore sapevano cucinare cibo "casalingo" che fosse di gradimento a tutti in casa. A quei tempi, i curry dei ristoranti erano considerati una prelibatezza.

Il continuo mutare di ritmo nella vita moderna sta facendo diventare la cucina casalinga indiana o estinta, o un pallido ricordo sia per gli studenti indiani all'estero che per gli impiegati in India. Chi vive da solo o non sa cucinare o non ha tempo per farlo. L'aumento degli stipendi nelle aziende significa che quasi tutti possono permettersi di ordinare cibo da asporto.

Ovviamente c'è un prezzo da pagare per questa "comodità," che va dall'obesità e disturbi gastrointestinali al diabete e all'aumento di pressione nel sangue. Inoltre c'è un limite a quante volte si può mangiare del "curry gourmet" al giorno, non importa quanto ti piaccia.

Un'altra grande preoccupazione viene dalla percezione che la cucina indiana sia complicata e con preparazioni lunghe. Sfortunatamente, parecchi libri di cucina hanno aiutato a diffondere questo pregiudizio. Questo perché propongono piatti con fin troppi ingredienti esotici, o che necessitano di ore per cuocere, il che rende il cibo indiano meno fattibile per delle coppie impegnate.

Non c'è dubbio che la cucina indiana sia molto varia. Anche i dal (legumi) che mangiamo quasi tutti i giorni sono molto diversi. Per esempio, quelli che preparavo più spesso sono davvero molto semplici, con ghee (burro chiarificato) e jeera (semi di cumino).

I colleghi di Mumbai invece lo preferivano con semi di senape nera e foglie di curry.

Lo stesso dal, preparato secondo il gusto meridionale, diventa un piccante sambhar, che non solo contiene semi di senape nera e foglie di curry ma anche, o così mi è parso, un altro centinaio di focosi e colorati ingredienti.

E tuttavia c'era un filo conduttore in questa esasperante diversità, ossia che tutti noi avevamo un qualche tipo di dal nelle nostre diverse versioni di "cibo casalingo."

III. Il cibo indiano "casalingo" è diverso da quello "da ristorante"?

Molti dei miei amici stranieri rimangono sorpresi nell'apprendere che in India c'è una netta differenza tra il cibo "casalingo" e quello "da ristorante."

"Allora, cosa mangiate a casa?," mi chiedono.

È tanto diverso dal cibo "da ristorante?"

E, soprattutto, è così superiore da meritare una classificazione a parte?

Credo che tra gli europei o gli anglosassoni non ci sia questo "curioso" dibattito (ma potrei sbagliarmi!).

Lì cerchi le versioni dei ristoranti e dei cuochi Michelin del, per esempio, "tacchino arrosto" e provi a rifarle a casa. Qui in India, quasi si guarda dall'alto in basso le versioni di, per esempio, "dal giallo" smerciate dai ristoranti e con condiscendenza si dichiara la propria versione "casalinga" meno oleosa, o più saporita e in ogni caso infinitamente superiore.

Ho anche scoperto che alcuni piatti proprio non si trovano nei ristoranti. Per esempio, non ho mai trovato da nessuna parte gli arhar dal all'orientale, neppure nei locali del Bihar e dell'Uttar Pradesh. Allo stesso modo, il pesce con dahi–sarson (yogurt alla senape), che si può facilmente trovare in qualunque casa bengalese, è introvabile a Delhi, anche negli hotel a 5 stelle. Non solo, del semplice pane non lievitato come il chapati o il phulka, che mangio ogni giorno, sono assenti dalla maggior parte dei menù dei ristoranti, che preferiscono invece offrire tandoori roti o naan.

Scavando un po' più a fondo, ho scoperto che l'intero modo di cucinare nei ristoranti in India è diametralmente opposto a quanto pratichiamo nelle nostre case, per quanto riguarda lo stesso piatto. Per i ristoranti, la velocità è tutto: non si può far aspettare un cliente per più di 15 minuti. Perciò devono conservare gli ingredienti quasi pronti, in modo da convertirli rapidamente in qualunque piatto chieda il cliente. Il pollo, per esempio, verrà tenuto a mezza cottura nel tandoor, pronto per essere trasformato in pollo al burro, pollo tikka o pollo do pyaza (pollo con due cipolle letteralmente!) in un batter d'occhio. Lo stesso vale per le verdure, che vengono tagliate e anche bollite, per essere usati nei curry o in altri modi. È l'unico modo in cui i ristoranti possono fare i conti con menù che contengono a volte fino a 100 piatti.

Una dhaba (autogrill) non può neppure permettersi il lusso di quei 15 minuti. La maggior parte dei loro clienti sono camionisti indaffarati (e massicci) del Punjab, e non gradiscono aspettare neanche 5 minuti prima di essere serviti. Quindi una buona dhaba deve cucinare e avere pronto il suo repertorio di 10–12 piatti per sopravvivere. Perciò assomiglia molto al cibo "casalingo," che viene preparato tutto in una volta. Tuttavia una grossa differenza è che il cibo di una dhaba contiene molto più olio di quello fatto in casa. Questo perché l'olio agisce come una sorta di conservante, visto che al contrario delle case, nelle dhaba il cibo solitamente non va in frigo.

Ecco perché persino dei dolci come il gulab jamuns o jalebis, se ordinati in una dhaba, sono fritti!

Il risultato di quest'affascinante dibattito, andato avanti per svariati mesi, fu la conclusione che esiste ancora una forte tradizione di cucina "casalinga" in India, viva e vegeta. Ed è molto diversa dalla cucina dei ristoranti perché:

Uno, viene preparata da zero con ingredienti freschi;

Due, molti piatti "casalinghi" NON si trovano nei ristoranti;

Tre, è molto più salutare in quanto consente piena libertà di cambiare il livello di sale, zucchero e spezie usate;

Quattro, non solo è meno grassa ma ti permette di scegliere l'olio di cottura (senape, oliva, cocco, arachide, soia, girasole, riso e così via); e soprattutto,

Cinque, è meno complicata, e quindi, più semplice da cucinare.

Per me, e per tutti i miei colleghi in India, che non potevano certo trasformarsi in chef professionisti nel corso di una notte, l'ultimo punto ci ha davvero aperto gli occhi.

"Ma davvero?" chiedevano molti increduli.

"Provalo, Prasenjeet"; qualcuno mi ha lanciato la sfida.

Perciò ho raccolto il guanto e mi sono avventurato a catalogare i piatti "casalinghi" della mia famiglia.

Questo libro è il risultato di quel piccolo, modesto tentativo.

Troverai svariate ricette facili e rapide di cucina casalinga indiana in questo libro (assieme al processo di cucinare per gradi e procedere in parallelo descritto più avanti) che ti aiuteranno a mettere assieme un pasto completo da quattro portate (con riso, dal, due piatti vegetali o uno vegetariano e uno no) in meno di 30 minuti (letteralmente in un lampo!)

Tieni presente che le ricette catalogate qui vengono cucinate regolarmente a casa mia. Ti incoraggio a sperimentare, adattare e aggiungere le tue variazioni, in modo che sia davvero il "tuo" cibo casalingo.

Un avvertimento. Se sei un completo principiante, cioè non sai neppure bollire un uovo, ti suggerisco di cominciare dal mio primo libro "How To Cook In A Jiffy Even If You Have Never Boiled An Egg Before".

La cucina indiana può essere un po' complicata, ed è meglio avere qualche base in cucina prima di renderla parte del tuo quotidiano.

Pesi, misure e alcune osservazioni

Quando possibile si è usata la misurazione in grammi.

Altrimenti valgono i seguenti valori:

* 1 tazza corrisponde a circa 200 ml

* 1 cucchiaio corrisponde a circa 15 grammi

* 1 cucchiaino corrisponde a circa 5 grammi

Riguardo l'olio di cottura, se non diversamente specificato si può utilizzare un qualunque olio da cucina; tieni però presente che l'olio d'oliva non è molto diffuso in India.

Capitolo 1: Come attrezzare una cucina essenziale

Lascia che ti rassicuri fin dall'inizio: puoi mettere in tavola un pasto indiano in qualunque tipo di cucina tu abbia già.

Ma in caso tu debba attrezzare una cucina da zero, ecco alcune attrezzature che una cucina funzionale dovrebbe avere.

La lista vuole essere solo un suggerimento. Sentiti libero di aggiungere o togliere cose in base a cosa davvero ti serve.

Assolutamente necessari

Kadhai (wok): quest'arnese è ottimo per preparare un'ampia varietà di piatti indiani perché la bocca ampia rende molto facile friggere o saltare qualunque cosa, e si usa anche meno olio. Ne puoi avere uno antiaderente o addirittura anodizzato. Ti suggerisco di averne almeno due di diverse dimensioni.

Padella antiaderente profonda: per rosolare verdure, bollire/ sobbollire pollo e pesce o anche per far bollire l'acqua.

Padella antiaderente poco profonda: la consiglio perché è più facile preparare omelette, uova strapazzate e al tegamino in una padella poco profonda.

Grattugia: per grattugiare il formaggio o anche alcune verdure.

Spatole di legno: almeno due per mescolare e togliere il cibo dalle padelle antiaderenti. Di legno perché usando una spatola in acciaio inossidabile rischi di rigare il rivestimento antiaderente o in Teflon delle padelle rendendole inutilizzabili in un attimo.

Schiumaiola in acciaio inossidabile: non solo aiuta a mescolare il cibo ma anche a togliere l'olio in eccesso quando si tirano fuori cibi come poori (pane fritto) o pakoda (verdure in pastella).

Coltelli affilati: almeno due, preferibilmente in manici di colori diversi, uno per tagliare le verdure, incluse cipolle e aglio, e un altro per la frutta. Te lo consiglio perché aglio e cipolla lasciano un odore così pungente che anche dopo averli lavati l'odore si può depositare sulla frutta da usare nei dolci. A meno che non ti piacciano le mele all'aglio (ah, ah)!!

Tagliere: per verdure, frutta, e qualunque altra cosa che abbia bisogno di essere tagliata. Di nuovo, sarebbe più igienico averne uno esclusivamente per la carne.

Belan (mattarello) e chakla (spianatoia): essenziali se vuoi preparare vari tipi di pane come roti, poori o paratha. Se invece preferisci limitarti ai piatti di riso non vale la pena.

Ciotole: per sbattere uova, tenere verdure tagliate, ecc.

Posate e stoviglie: Per servire e mangiare il cibo.

Opzionali

Frullatore/sminuzzatore: puoi pensare comprarne uno per piatti come frullati, milk shake, caffè freddo, zuppe e anche per fare paste con cibi come cipolle, aglio, zenzero, che sono essenziali nei curry indiani.

Forno a microonde: I piatti indiani di solito non si cuociono al forno, che sia normale o a microonde. Ma niente batte il microonde per riscaldare. Inoltre molti piatti che richiedono il tandoor (forno interrato) si possono facilmente replicare in un forno normale.

Lavastoviglie: ti toglierà la fatica di lavare i piatti dopo aver cucinato e mangiato.

Cuociriso: non solo aiuta a cuocere il riso molto facilmente, ma lo tiene anche al caldo finché non sei pronto per mangiarlo.

Pentola a pressione: in India, specialmente se vuoi cucinare in un LAMPO, è assolutamente necessaria. Se sei da solo, ti basterà una pentola da tre litri, ma per una famiglia di tre o quattro persone, è meglio averne una da cinque litri.

La metto tra gli strumenti opzionali visto che l'uso della pentola a pressione scatena sempre sentimenti contrastanti.

Ma per chi non è molto pratico, ne discuteremo un po' più a fondo.

Capitolo 2: Pentola a pressione, sì o no?

In molti mi hanno chiesto perché suggerisco di usare la pentola a pressione dal momento che ha la "brutta reputazione" di essere intrinsecamente pericolosa. Mi si chiede anche se è "obbligatoria" per "cucinare in un LAMPO."

Riguardo la prima domanda, la mia risposta è che sì, delle pentole a pressione non a norma possono essere pericolose, esattamente quanto possono esserlo dei microonde, bollitori elettrici o fornelli a gas non a norma. A dire il vero, una cucina tenuta male può essere un posto pericoloso per chiunque, e specialmente per i bambini.

Riguardo la seconda domanda, devo ammettere che noi indiani, dagli abitanti delle baraccopoli ai milionari, amiamo le pentole a pressione perché non c'è niente che cucini più in fretta. E sono così veloci perché cuociono al vapore, che arriva a 120° contro i 100° dell'acqua usata in pentole e padelle.

Solo per questo, le pentole a pressione sono da considerare più "verdi," visto che aiutano a risparmiare gas o elettricità, che diventano sempre più cari specialmente in paesi come l'India. Inoltre, si pensa che conservino meglio le proprietà nutritive degli alimenti, che vanno perse se cotti per lunghi periodi di tempo. Per via dell'alta temperatura, possono inoltre uccidere batteri e far sparire pesticidi o altre sostanze chimiche con cui il cibo potrebbe essere contaminato.

D'altro canto, usare una pentola a pressione richiede sicuramente più sforzo di premere bottoni sul microonde o sul forno. Ci vuole anche una certa pratica e abilità per assicurarsi che il coperchio chiuda bene, altrimenti non si raggiunge la pressione completa. Per finire, se si usa il microonde o il forno, si può selezionare un programma e andarsene finché non è pronto, per guardare la TV o fare altre cose. Ma non bisogna MAI lasciare una pentola a pressione da sola, visto che non si spegne da sola! Se sei impegnato in altre faccende in cucina, seguendo il sistema del "procedere in parallelo" per chi davvero vuole cucinare in un LAMPO, non è un problema.

Se cucini solo occasionalmente indiano, non è necessario investire in una pentola a pressione. Anche in India, molti "autogrill" (dhaba) usano sistemi alternativi alla pentola a pressione, come marinare la carne o mettere ammollo i dal (legumi). L'usanza cinese di tagliare la carne a strisce sottili o di macinarla, è un altro buon sistema per farla cuocere bene e velocemente, in wok o in padelle, senza pentola a pressione.

Se decidi di usare una pentola a pressione, per mia esperienza suggerisco, se puoi, di mangiare il cibo cotto lì dopo qualche tempo, per esempio dopo 1-2 ore, perché trovo aumenti i sapori. Forse perché questo lasso di tempo consente ai sapori di penetrare negli alimenti.

In caso, scegli quindi una pentola a pressione che rispetti tutti gli standard di sicurezza e sia prodotta da una azienda conosciuta.

Del resto, questo suggerimento dovrebbe valere per qualunque elettrodomestico usiamo, non trovi?

Capitolo 3: Intrudzione alle spezie e agli ingredienti fondamentali Indiani

È facile sentirsi sopraffatti dal gran numero e dalla varietà delle spezie e delle erbe fresche usate comunemente nella cucina indiana. Quindi non renderò l'argomento ancora più complicato dando i nomi scientifici o botanici, o indicando dove crescono, o come vengono piantate e lavorate. Esistono ottimi libri che danno giustizia a questo argomento.

Quello che cercherò di fare qui è solo indicare una ventina di spezie con cui dovresti sperimentare quando si è all'inizio con la cucina indiana "casalinga." Quelle in grassetto sono essenziali per un'autentica cucina indiana. Il resto è facoltativo.

Il lettore attento noterà l'omissione del kastoori methi (una varietà molto profumata di fieno greco), molto popolare nei ristoranti indiani come spezia da curry. È esattamente il motivo per cui l'ho lasciata fuori. Ma se preferisci un cibo più simile a quello delle dhaba fai pure scorta di kastoori methi. Ricorda solo che è un'erba dal sapore molto forte, e sovrasterà quello delle altre spezie, per quanto possano essere costose. Quindi, per l'amor del cielo, non usare mai lo zafferano con il kastoori methi!

Non includo neppure alcune spezie come la noce moscata o l'anice stellato in quanto si usano raramente nella cucina quotidiana.

Ecco la mia lista, in ordine alfabetico.

Alloro, foglie di (tej patta): Per insaporire.

Assafetida (hing): Si usa in piccole quantità per dare un odore forte. Viene considerata utile per la digestione, anche se alcune persone potrebbero trovare l'odore troppo forte e sgradevole. Quindi mai usare l'assafetida con lo zafferano!

Cannella (dalchini: Si intende sempre quella in stecche; conferisce un ottimo sapore ai dolci e ai curry. In India infatti è più usata nel curry che nei dessert, perché per questi ultimi gli indiani preferiscono il cardamomo.

Cardamomo (elaichi): Ne esistono due varietà; una dai semi più piccoli color verde pallido, l'altra con i semi più grandi e neri/marroni. La varietà verde si usa in molti piatti, dessert inclusi. Quella marrone si usa per curry o pulao, ma non nei dolci.

Chiodi di garofano (laung): Sembrano fiori secchi e danno fragranza al cibo. I chiodi di garofano hanno proprietà antisettiche che aiutano a conservare il cibo.

Chaat masala: Mistura di spezie utilizzata per condire insalate, bevande, dolci e altri piatti. È a base di semi di cumino, coriandolo e finocchio, polvere di mango essiccata, pepe, assafetida e zenzero. Si può acquistare già pronta nei negozi di alimentari indiani.

Cipolla secca, semi di (mangrela o kalonji): Questa spezia è usata di solito nel pachphoran.

Cocco, in latte o in polvere (nariyal): Si usa comunemente in molte preparazioni del meridione e lungo le coste dell'India.

Coriandolo, semi e foglie (dhania e dhania patta): I semi essiccati di coriandolo sono una parte essenziale nei curry e sono largamente usati. Le foglie fresche sono utilizzate nei chutney (un tipo di salsa) e spolverate sui curry.

Le foglie hanno un sapore intenso, quindi dovresti usarle solo se ti piacciono davvero.

Cumino (jeera): Il cumino è un altro ingrediente essenziale nella cucina indiana e solitamente è la prima spezia ad essere aggiunta al grasso di cottura prima degli altri ingredienti.

Curcuma (haldi): Probabilmente la spezia più comune e l'ingrediente più importante in qualunque curry indiano. Anche se non ha molto sapore, ha un colore giallo scuro e diverse proprietà terapeutiche.

Curry, foglie di (kare patta): Queste foglie hanno un sapore delizioso e sono assolutamente necessarie se ti piace la cucina del sud dell'India. Cresce in abbondanza in India ed è probabilmente l'erba più economica disponibile. Si usano solitamente fresche, ma possono essere seccate e utilizzate così, in quanto mantengono gran parte del loro profumo.

Finocchio (saunf): Si usa in alcuni piatti ed è parte del pachphoran.

Fieno greco (methi): Sono piccoli semini piatti dal sapore leggermente amaro e devono essere usati solo nelle quantità prescritte. Danno un tocco decisamente pepato ai curry o ai piatti secchi, gradito a molti indiani. Recentemente il fieno greco ha raggiunto una sorta di status di culto, grazie al suo quasi magico effetto nel ridurre il rigore del diabete.

Garam masala: È una mistura in parti uguali di cannella, chiodi di garofano, cardamomo (sia la varietà verde che la marrone) e semi interi di pepe nero. Si possono macinare assieme e conservati in un contenitore ermetico; si conserva per una settimana. Alcuni piatti possono anche essere preparati mettendo le spezie intere nell'olio o nel burro chiarificato (ghee).

Tutti gli amanti della cucina indiana devono imparare a usare questa mistura. Se cucini solo occasionalmente indiano, potresti avere la tentazione di usare le polveri di garam masala che si trovano già pronte in commercio. Tieni presente che, per economizzare i costi, alcuni produttori lesinano sulle spezie più costose summenzionate, aggiungendo invece polveri di coriandolo, cumino, curcuma, peperoncino, ecc. per fare volume. Aggiungono persino kastoori methi che sovrasta il sapore delicato delle altre spezie del garam masala. Quindi controlla prima di acquistare questi mix di spezie.

NdT: Il garam masala si utilizza solitamente in polvere, tuttavia a volta capita di utilizzare le spezie intere, e in questi casi si parla di khada garam masala.

Jaggery: Si tratta di un tipo di zucchero non raffinato molto comune in Asia. Può essere estratto dalla canna da zucchero o dai fiori di palma.

Pachphoran: Letteralmente, un mix di cinque spezie, ossia semi di senape nera, cumino, fieno greco, finocchio e cipolla, in uguali proporzioni. Si usa comunemente per diversi piatti in India orientale.

Paneer: Un tipo di formaggio fresco molto usato in India e Pakistan, preparato senza aggiunta di caglio. Non si mangia da solo ma è sempre perlomeno grigliato o fritto.

Peperoncino (varietà rossa del Kashmir): Suggerisco l'uso di questo peperoncino perché dà un bel colore rosso e non è piccante come altre varietà. Se preferisci una cucina più piccante, puoi usare qualunque altra varietà di peperoncino reperibile sul mercato.

Polvere di mango essiccato (amchur): Si usa per conferire un forte sapore amaro.

Sambar masala: Miscela essenziale nella preparazione di qualunque sambar, è a base di peperoncino, semi di coriandolo e fieno greco, assafetida, curcuma e diversi tipi di legumi. Si può acquistare già pronta nei negozi di alimentari indiani.

Senape nera, semi di (rai): Questi semi assomigliano a quelli della varietà gialla ma sono più piccanti. Questo tipo di senape si usa moltissimo nella cucina indiana meridionale e occidentale.

Zafferano (kesar): Probabilmente la spezia più costosa al mondo, è ricavata dai pistilli del fiore di zafferano. Questi fili sottili arancione scuro, quando dissolti in acqua o latte rilasciano il loro colore assieme al loro sapore delicato e terraceo. Non è una spezia da usare con leggerezza, lo zafferano si usa soprattutto nei dolci e in alcuni piatti esotici.

Yogurt (dahi): È frequentemente usato in molti piatti indiani. Per cucinare si usa sempre quello bianco senza aggiunta di aromi. Assomiglia molto allo yogurt greco.

Capitolo 4: Che altre cose strane devi sapere sulla cucina Indiana?

L'India è terra di strani luoghi, suoni, odori, usi, tradizioni, e ovviamente, cucina. Ma indipendentemente da dove vai in India, troverai alcune cose che hanno in comune tutte le varie tradizioni culinarie. Ne voglio sottolineare alcune.

Mangiare nei thali: Tradizionalmente, in India il cibo viene servito nei thali (piatti tondi), dall'antipasto al dolce, in un'unica volta. Questo avviene ancora in diverse zone durante i matrimoni o in altre occasioni particolari. Gli ospiti siedono generalmente sul pavimento a gambe incrociate, e i piatti sono foglie di banano o di altre grosse foglie.

Se il cibo non è in un thali, viene poggiato in continuazione sul piatto di foglie. Alla fine di tutto, i piatti di foglie vengono dati da mangiare alle mucche assieme agli avanzi, in modo da guadagnare karma positivo per tutti i presenti. Niente lavastoviglie, ed il miglior sistema di riciclo possibile: c'è davvero da ammirare i nostri antenati per aver pensato a tutto!

Se vuoi provare un thali tipico del nord o del sud, la prossima volta che sei in India cerca delle catene come Sagar Ratna, Naivedyam, Rajdhani ecc. o chiedi suggerimenti ai locali.

Niente zuppe, ma "dal" come lontano sostituto: Come noterete immediatamente, le zuppe non fanno parte di un normale pasto indiano. In un ristorante multietnico potreste trovare al massimo zuppe cinesi o occidentali. Alcuni provano persino a estrarre il curry dai piatti di pollo a base di yogurt e a servirlo diluito come shorba (zuppa) di pollo. Gli inglesi si sono inventati la zuppa Mulligatawny, a base di legumi, ma non è mai diventata popolare.

Probabilmente perché, essendo l'India un paese tropicale, non c'è bisogno di zuppe che riscaldino all'inizio di un pasto. Ma è sorprendente che neppure nelle zone più fredde, come l'Himalaya, non esista una tradizione di zuppe. Gli abitanti del Kashmir e del Gharwal cucinano i più svariati tipi di curry ma niente zuppe. La cosa più vicina a una zuppa è il tè salato del Kashmir e del Ladakh, ma è qualcosa che si beve tutto il giorno e quasi mai prima dei pasti!

Non abbiamo neppure l'abitudine di bollire carne e vegetali e poi dover pensare a cosa fare del brodo. Il brodo è parte integrante del curry. E con l'immensa varietà di dal che abbiamo, chi ha bisogno di zuppe?

I carboidrati, non la carne, fanno la parte del leone: Se vedi indiani mangiare in una dhaba, noteresti immediatamente che riso e pane formano più del 60% del pasto. Il restante 40% è distribuito tra carne, verdure e legumi.

La cucina occidentale per tradizione sostituisce questa proporzione in favore della carne. Un motivo potrebbero essere i lunghi inverni europei, e quindi periodi di raccolta più brevi che portavano a non poter investire sul grano.

La maggior parte del subcontinente indiano, e anche i paesi del sud est asiatico non hanno questi vincoli. Spesso ci sono due raccolti, a volte anche tre. In isole come Bali si poteva seminare e mietere in qualunque momento. Ma appena si entra nelle regioni più fredde della Cina o dell'Asia centrale, la carne guadagna spazio.

Ora che l'economia mondiale è progredita tanto da consentirci di scegliere cosa mettere nel piatto, che dovremmo fare? Troppa carne, oltre a farti assumere più proteine del necessario, causa problemi come colesterolo alto, calcoli renali e persino la gotta. D'altro canto, troppi carboidrati portano a far assumere più calorie del necessario, a soffrire di mancanza di proteine, al sovrappeso e al diabete.

Quindi perché non bilanciare carboidrati e proteine e seguire, come Buddha ha insegnato più di 2600 anni fa, la VIA DI MEZZO?

Il curry è obbligatorio: Questo è talmente ovvio che non puoi non notarlo. Ovunque tu vada, il curry domina incontrastato nei pasti.

Perché? Un motivo potrebbe essere la necessità di assumere molta acqua, vista la natura tropicale dell'India E il curry ti aiuta in questo in maniera sana (visto che l'acqua è bollita) e appetitosa. Il secondo motivo potrebbe essere che quando si mangia molto riso serve un po' di curry per "bagnarlo" e renderlo meno appiccicoso e più appetibile.

E in effetti troviamo il curry in tutte le regioni in cui si coltiva riso, come Thailandia, Laos o Myanmar. Nelle zone dove non si coltiva riso e si mangia grano come le zone più fredde della Cina, l'Afghanistan e l'Asia centrale sono più diffuse le grigliate e non c'è grande bisogno di curry.

Piatti dolci e salati si mangiano assieme: Questo avviene, suppongo, perché mangiando nei thali non c'è modo di controllare cosa si mangia prima e cosa dopo. Certamente nel mondo democratico della cucina indiana, quando si ha accesso a un fiume di piatti salati, dolci, aspri, amari e piccanti, c'è anche la completa libertà di decidere cosa e quando mangiare. Perciò capita spesso di vedere bambini rinfrescarsi il palato con un cucchiaio di dolce dopo aver assaggiato qualcosa di amaro o piccante. Oppure c'è il curioso spettacolo offerto dagli abitanti del Gujarat, che mangiano prima il dolce e poi la portata principale.

Nei templi ti offriranno spesso del poori-kheer (pane azzimo fritto con budino di riso) o poori-halwa (pane azzimo fritto con dolce di farina) come prasadam (benedizione).

Ti viene in mente qualcuno che mangerebbe la torta di mele con il tacchino arrosto (insieme, non come portate separate)? Mi piacerebbe davvero scoprirlo.

Le spezie non sono un condimento ma qualcosa con cui cucinare: Nella cucina indiana, non si cucina qualcosa e poi ci si mettono le spezie sopra per renderlo più gustoso. Le spezie si cucinano quasi sempre assieme al piatto principale, per farne sentire tutta la magia e il sapore.

Le salse non si preparano a parte: È una pratica tutta occidentale bollire o cuocere al forno qualcosa per voi versarci sopra salse a base di pomodoro o formaggio, o di farle flambé con del vino o altre bevande alcoliche.

In India, sono solo i ristoranti a tenere gli ingredienti semi-cotti e a preparare le salse a parte, per poi combinarle quando un cliente chiede un piatto a base di pomodoro, cipolla o yogurt. Questo perché nei ristoranti la velocità è tutto. Perciò devono conservare gli ingredienti quasi pronti, in modo da convertirli rapidamente in qualunque piatto chieda il cliente.

Tuttavia, lo stile "casalingo" (e anche quello delle dhaba) prevede si cucini tutto assieme. L'unica cosa che potrebbe "completare" un piatto di curry è una spolveratina di foglie di coriandolo. Allo stesso modo, i dal vengono poi temperati con ghee (burro chiarificato) e jeera (semi di cumino) o rai (semi di senape nera).

Ma non si tratta di salse che vengono prima preparate e poi versate su un piatto cucinato.

Le papille gustative vengono sempre solleticate da contorni come sottaceti, chutney, raita, papadum...: Gli stranieri rimangono sbigottiti dall'enorme numero di leccornie che riempiono un thali. Abbiamo sottaceti fatti con vegetali, frutta, e anche pesce. Poi ci sono papadum, baris o tilauri fatti con i legumi. Aggiungiamo i chutney e le marmellate dolci fatti con un tipo di frutta, le murabba. E nell'India settentrionale non possono mancare le raita a base di yogurt.

Una volta un amico europeo mi ha chiesto se tutti questi contorni non ci "confondevano" le papille gustative.

Beh, per essere onesti, lo fanno. Ma noi indiani amiamo questa "confusione," perché come ho già detto il pasto ideale deve essere bilanciato e contenere tutti i sapori – acido, salato, amaro, piccante e dolce.

E il modo migliore per farlo è aggiungere contorni che sono di solito già pronti (come marmellate e salse in occidente) e non devono essere cucinati all'ultimo momento.

Poco uso del forno e della griglia: Tranne negli stati dell'India settentrionale come il Punjab, dove è molto popolare il forno tandoor, scavato nel terreno, nella cucina popolare indiana non c'è quasi traccia del forno. Bollire, friggere, cottura a vapore – è tutto qui. Quando ci si imbatte in piatti cotti al forno o sulla griglia, sono tutte cose arrivate in India dalla Persia, dalla Turchia o dall'Asia centrale, da dove provenivano molti dei governatori musulmani.

Anche in questo caso credo che il clima abbia fatto la sua parte. In Europa e in altre parti fredde del mondo nelle case c'era sempre un fuoco per avere un po' di calore. Non ci è voluto molto quindi prima che qualcuno inventasse un apparecchio da unire al fuoco per cucinare senza doverlo controllare in continuazione. Persino il fumo di questi fuochi poteva essere usato per sanare, seccare e conservare la carne; ma nella cucina indiana non esiste l'affumicatura.

Ma non preoccuparti. Grazie alla globalizzazione troverai su tutti gli scaffali dei negozi indiani qualunque tipo di torta, pane o pizza desideri.

Niente bacchette, posate opzionali: Le bacchette non funzionano neppure nella cucina occidentale, visto che la carne e le verdure devono essere tagliati a pezzi prima. E non si usano spesso le posate per mangiare pizza o hamburger, specialmente per strada. Ma si possono evitare le posate nei pasti più formali?

Beh, in India, persino nei ristoranti a 5 stelle, le posate vanno specificatamente richieste. Durante i matrimoni, il thali potrebbe avere, se sei fortunato, un cucchiaio per il dolce.

Molti dei miei amici europei non riescono a immaginare come si possa mangiare il riso con le dita senza farlo cadere a metà strada. Quindi li invito a vedere come nell'India meridionale, gli esperti riescono a mangiare il curry dal piatto (non dalla ciotola) con le dita. È uno spettacolo da non perdere.

Altrimenti, basta chiedere le posate. Prometto che ti daranno quantomeno un cucchiaio.

I piatti vegetariani imitano i non vegetariani: Questo accade sempre in occidente, per esempio con i würstel di soia che imitano il gusto e il sapore di quelli di pollo o maiale.

In India, quest'imitazione si può avere in due modi. Uno, le parti non vegetariane di un piatto non vengono aggiunte. Per esempio il popolare shami kebab, che è fatto con il montone, si prepara con gli stessi ingredienti ma senza il macinato di carne. Con i würstel di pollo non si può fare, non trovi?

Due, ci sono versioni 100% vegetariane, che a volte sono più prolifiche delle loro controparti non vegetariane. Per esempio, le normali kofta non vegetariane si preparano con macinato di montone o pollo. Ma le versioni vegetariane, che cercano di imitarne consistenza, odore e gusto, si possono preparare con zucca a fiasco (lauki ke lofte), jackfruit (kathal ke kofte), latte condensato non zuccherato (khoya ke kofte) o legumi (moong dal ke kofte).

Anoothi Vishal, un noto critico gastronomico, ipotizza che "questa curiosa forma di cucina ha avuto origine specialmente per soddisfare [le matriarche] interessate ai relativamente più esotici e complicati piatti non vegetariani cucinati in casa ma che non volevano abbandonare le direttive religiose o di casta."

Sia che quel che sia, se capiti in India prova questo tipo di piatti.

La cannella non si usa nei dolci bensì, guarda un po', nel curry: Sapevi che la cannella (in hindi, dalchini) è usata nella cucina asiatica, inclusa quella indiana e in quella occidentale?

La cucina indiana è rinomata per usare un'innumerevole varietà di spezie (la lista è davvero lunga). Ho sentito più di uno chef stellato vantarsi di come un certo tipo di ricetta usasse trentasei (o trentanove, non ricordo) spezie diverse. Potrebbe essere un po' troppo, e non raccomando a nessun dilettante di sperimentare più di dieci spezie in un solo piatto. Ma è solo la mia opinione.

Tornando alla cannella, scommetto che è inclusa nella lunga lista di spezie che i celebri chef usano per creare i loro esotici piatti. Non sono così sicuro che le rimanenti 35 o 38 siano usate nella cucina occidentale. Mi sono sempre chiesto perché la cannella fosse una delle poche eccezioni.

Senza dubbio dona un ottimo sapore a ogni piatto. Chi può resistere all'aroma di una torta di mele, di zucca o a un cinnamon roll appena tolto dal forno?

Per me la differenza più interessante è proprio che in occidente la cannella è usata nei dolci. In India tuttavia è più usata nel curry che nei dessert, perché per questi ultimi gli indiani preferiscono il cardamomo o lo zafferano. La cannella infatti occupa un posto d'onore nella preparazione del garam masala, una mistura di spezie usata comunemente in curry di pollo, pulao, biryani, piatti vegetali, o anche rajma o curry di fagioli rossi. In Kashmir si mette la cannella in polvere in un tipo di tè chiamato "kehwa" che solitamente si serve dopo cena. Molti ritengono che aggiungere un cucchiaino di cannella e miele nel tè al mattino aiuti contro l'influenza e i problemi digestivi.

Per esperienza personale, è un ottimo suggerimento.

Si cucina con lo yogurt: Mangiare yogurt, ovviamente, non è una cosa strana. Bianco o in vari gusti, sotto forma di gelato o da bere, scremato o con aggiunta di probiotici, fatto con latte intero o scremato – la varietà dello yogurt industriale oggi è sorprendente.

Ma cucinare con lo yogurt? Si cucina con formaggio e vino, non con lo yogurt – la domanda lascia sicuramente di stucco gli aficionados delle scuole di cucina europee o americane, e persino delle cinesi o thailandesi.

Ma prova a parlare con qualche indiano, e ti fornirà una lista di piatti regionali dove lo yogurt è fondamentale. Questo perché prima che i portoghesi introducessero il pomodoro in India nel 16mo secolo, lo yogurt era l'unico ingrediente (oltre al tamarindo e al melograno) che potesse dare acidità ai piatti.

In Kashmir, se partecipi a un wazwan (un banchetto preparato in occasioni particolari come matrimoni) troverai il posto d'onore riservato alle gushtabba (polpette di carne cotte nello yogurt) o alle yakhni o alle dhania kormas (entrambe contengono montone con l'osso e varie spezie, sempre cotte nello yogurt).

Negli stati del Maharashtra e del Gujarat, il kadhi (yogurt o latticello a cui si aggiungono patate, cipolle o verdure fritte) è onnipresente in tutti i piatti vegetariani. Nel Punjab i vegetariani usano una versione un po' diversa del kadhi ma usano invece yogurt a profusione nel lassi (un tipo di bevanda).

Inoltre (così come nel resto dell'India settentrionale) si usa marinare la carne nello yogurt prima di cuocerla nel tandoor (forno interrato) o alla griglia o nel curry. In queste regioni lo yogurt è anche simbolo di buona fortuna, perché c'è l'usanza di NON uscire di casa prima di un viaggio o di un esame/ colloquio se non si è prima mangiato un cucchiaio di yogurt con lo zucchero.

Nell'India orientale, specialmente nel Bengala, si cuoce il pesce nello yogurt. Prova il dahi machhli (pesce cotto nello yogurt e nel garam masala) o il dahi sarson (pesce cotto in una salsa a base di yogurt e senape). I loro dolci allo yogurt, come il mishti doi (letteralmente, yogurt dolce) o il bhapa doi (yogurt al vapore) sono robe dell'altro mondo.

Nell'India meridionale lo yogurt è così amato che i pasti non terminano con un dolce, ma con del riso allo yogurt. Lo yogurt è anche l'ingrediente principale del chutney di cocco, che è un ottimo accompagnamento per snack come idli, vada e dosa.

Capitolo 5: Riso e pane

Carboidrati come riso, farina, mais e miglio hanno occupato per secoli una posizione centrale nella cucina indiana rispetto alla carne. Nessun indiano si sognerebbe di andare a letto dopo essersi abbuffato solo di una bistecca, per quanto generosa. Non sarebbe soddisfatto neppure se fosse accompagnata da patate fritte.

L'accompagnamento ideale per una bistecca, o per un qualunque altro tipo di carne o verdura sarebbe del riso o del roti.

E anche in questo caso i carboidrati avrebbero la maggioranza, occupando più del 50% del piatto.

Ovviamente al ristorante potete lasciare che la carne (o le verdure) occupino questa posizione di maggioranza, ma nessun pasto "casalingo" indiano si può considerare completo senza una generosa porzione di riso e uno o due roti, se possibile.

Come sempre esistono incredibili modi di cucinare il riso e il pane, in ogni tipo stile e sapore regionale.

Per cucina "casalinga," comunque, ti suggerisco di imparare a padroneggiare una più breve lista di dieci varietà, ossia:

Riso bollito – usato quotidianamente ovunque in India;

Riso allo yogurt o al limone – usato nell'India meridionale;

Riso alle cipolle, riso al jeera o piselli pulao – per le occasioni speciali;

Khichdi – per il sabato, in occasioni di feste religiose o per quando hai voglia di un piatto unico;

Roti, chapati o phulka – per tutti i giorni;

Paratha o poori – per i picnic e le occasioni da celebrare.

Addentriamoci ora nel cuore della questione: come preparare questi dieci carboidrati fondamentali per ogni pasto "casalingo."

Riso bollito

Ingredienti

Riso – 1 bicchiere

Acqua – 2 bicchieri (se usi del riso basmati maturo e saporito, altrimenti 1 bicchiere e ½)

Consiglio: usa sempre lo stesso bicchiere! Altrimenti il riso non risulterà morbido.

Con pentola a pressione

Lava bene il riso 3-4 volte in un contenitore, facendo attenzione a non rompere i chicchi e lascialo "asciugare" naturalmente su un piano inclinato per 15-20 minuti. Questa operazione aiuta a intensificare l'aroma.

Porta a bollore l'acqua in una pentola a pressione dalla capacità di 3-5 litri.

Aggiungi il riso.

Chiudi il coperchio MA togli la valvola di esercizio.

Quando il vapore inizia ad uscire dalla valvola di sicurezza (non preoccuparti, farà un rumore particolare), abbassa il gas al minimo.

Aspetta 10 minuti e spegni il gas. Scola il riso.

Il riso bollito è pronto.

Con pentola normale o padella profonda

Porta a bollore l'acqua.

Aggiungi il riso all'acqua. Abbassa il gas e copri la pentola o la padella con un coperchio adatto.

Cuoci per 15-20 minuti senza mescolare il riso.

Spegni il gas.

Togli il coperchio e controlla che il riso sia cotto a dovere.

Se è ben cotto deve essere soffice. Prendi un chicco di riso tra le dita e schiaccialo delicatamente (ovviamente usa un cucchiaio, così non ti scotterai). Se il chicco è duro, vuol dire che non è ancora pronto. Se è morbido è pronto. In caso non fosse cotto, puoi aggiungere mezza tazza d'acqua e lasciar cuocere a fuoco basso per altri 7-10 minuti.

Metodo tradizionale (usato ancora oggi nei villaggi o nelle dhaba)

In una pentola o in una padella, porta a bollore tre bicchieri d'acqua (invece dei due usati nei metodi precedenti) per ogni bicchiere di riso.

Aggiungi il riso. Cuoci a fuoco medio e non coprire la pentola, perché l'acqua bollendo trabocca.

Cuoci per 15-20 minuti mescolando delicatamente il riso di tanto in tanto. Controlla che sia cotto.

Quando è pronto, spegni il fuoco. Rimuovi l'acqua in eccesso. Puoi usare un colino. Tradizionalmente, si copre la pentola con un coperchio per far uscire l'acqua. Questo è un po' complicato in quanto sia la pentola che l'acqua sono molto caldi.

Anche se il metodo tradizionale è più lungo, si dice che esalti il sapore del riso. Poiché l'acqua di bollitura viene scolata completamente, alcuni nutrizionisti sostengono che ciò aiuti a togliere amido al riso, e quindi a diminuire le calorie.

Consiglio: l'acqua di bollitura può essere un ottimo brodo per le zuppe, specialmente se hai usato del riso rosso.

Preparazione: 20 minuti

Cottura: 10 minuti in pentola a pressione; 15-20 minuti in pentola/padella

Totale: 30 minuti in pentola a pressione; 35-40 minuti in pentola/padella

Riso allo yogurt

Questo è un piatto semplice, leggero e saporito, ottimo per l'estate. Si usa moltissimo nell'India meridionale; lì in molti preferiscono terminare il pasto NON con un dolce ma con questo riso!

Ingredienti

Riso bollito – 2 tazze

Yogurt – 1 tazza

Burro chiarificato – 1 cucchiaio

Senape nera – ½ cucchiaino

Zenzero – un pezzo di 1,3 cm tagliato finemente

Foglie di curry

Ceci spezzati arrostiti – ½ cucchiaino

Sale q.b.

Facoltativo: si possono aggiungere anche carote a fettine e peperoncini verdi a pezzi senza semi.

Preparazione

In una ciotola, mescola lo yogurt, il riso e il sale.

Metti il burro chiarificato in una padella piccola, e portala sul fuoco.

Appena il burro si scalda, aggiungi i semi di senape nera, lo zenzero, i ceci e le foglie di curry; aspetta che scoppiettino e sfrigolino.

Se usi le carote e i peperoncini, aggiungili ora. Fai cuocere un po' le carote.

Aggiungi il tutto alla mistura di riso e yogurt.

Il riso allo yogurt è pronto.

Preparazione: 5 minuti

Cottura: 2 minuti

Totale: 7 minuti

Riso al limone

Questa deliziosa variante del riso bollito è uno dei piatti più diffusi in India meridionale.

Ingredienti

Riso bollito – 2 tazze

Succo di limone – 2 cucchiai

Burro chiarificato – 1 cucchiaio

Senape nera – ½ cucchiaino

Zenzero – un pezzo di 1,3 cm tagliato finemente

Foglie di curry

Peperoncini verdi tagliati e senza semi – ½ cucchiaino

Curcuma – ½ cucchiaino

Assafetida – un pizzico

Ceci spezzati arrostiti – ½ cucchiaino

Acqua – 2 cucchiai

Sale q.b.

Preparazione

Metti il burro chiarificato in un wok piccolo, e portalo sul fuoco.

Appena il burro chiarificato si scalda, aggiungi i semi di senape nera, lo zenzero, i ceci e le foglie di curry; aspetta che scoppiettino e sfrigolino.

Ora aggiungi i peperoncini verdi (che servono solo a insaporire e non a rendere il piatto piccante), la curcuma e l'assafetida.

Aggiungi il riso, l'acqua e il sale. Mescola bene.

Spegni il gas e aggiungi il succo di limone.

Mescola bene di nuovo.

Il riso al limone è pronto.

Preparazione: 5 minuti

Cottura: 2 minuti

Totale: 7 minuti

Riso alle cipolle

Questo è il pulao del povero preparato in un lampo. Puoi usare questa ricetta dell'India settentrionale per dare un po' di sprint al riso avanzato.

Ingredienti

Riso bollito – 2 tazze

Cipolle – 2

Semi di cumino – ½ cucchiaino

Semi di cardamomo verde – 2

Stecca di cannella – 1,3 cm

Chiodi di garofano – 4

Foglie di alloro – 1

Burro chiarificato – 1 cucchiaio

Sale q.b.

Zucchero – ¼ di cucchiaino (sciolto in due cucchiai da tavola d'acqua)

Preparazione

Metti un wok piccolo sul fuoco.

Aggiungi il burro chiarificato.

Mentre il burro si scalda, aggiungi i semi di cumino, poi il cardamomo, la cannella, i chiodi di garofano e l'alloro. Lascia soffriggere.

Appena inizia a salire un buon profumo (dovrebbe metterci meno di un minuto), aggiungi le cipolle affettate.

Assicurati che le spezie siano brunite ma non bruciate, o il piatto sarà completamente rovinato.

Fai cuocere finché le cipolle non diventano di un bel marrone dorato.

Aggiungi il riso.

Mescola bene.

Ora aggiungi il sale e lo zucchero precedentemente sciolto nell'acqua. Fai soffriggere affinché si mescolino bene.

Spegni il gas e togli il riso.

Buon appetito!!

Preparazione: 5 minuti

Cottura: 2 minuti

Totale: 7 minuti

Jeera pulao (riso al cumino)

Questa è la ricetta base del pulao. Padroneggiala, e potrai prepararne di qualunque tipo.

Ingredienti

Riso a grani lunghi (basmati) – 1 tazza

Acqua – 2 tazze

Semi di cumino – ½ cucchiaino

Semi di cardamomo verde – 2

Stecca di cannella – 1,3 cm

Chiodi di garofano – 4

Foglie di alloro – 1

Burro chiarificato – 1 cucchiaio

Sale q.b.

Zucchero – ¼ di cucchiaino

Preparazione

Lava bene il riso 3-4 volte in un contenitore, facendo attenzione a non rompere i chicchi e lascialo "asciugare" naturalmente su un piano inclinato per 15-20 minuti. Questa operazione aiuta a intensificare l'aroma.

Con pentola a pressione

Metti il burro chiarificato nella pentola a pressione e portala sul fuoco.

Mentre il burro si scalda, aggiungi i semi di cumino, poi il cardamomo, la cannella, i chiodi di garofano e l'alloro.

Appena inizia a salire un buon profumo (dovrebbe metterci meno di un minuto), aggiungi il riso, poi il sale e lo zucchero. Assicurati che le spezie siano brunite ma non bruciate, o il piatto sarà completamente rovinato.

Mescola bene.

Aggiungi l'acqua.

Chiudi il coperchio MA togli la valvola di esercizio.

Quando il vapore inizia ad uscire dalla valvola di sicurezza (non preoccupatevi, farà un rumore particolare), abbassate il gas al minimo.

Aspetta 10 minuti e spegni il gas. Togli il riso.

Il jeera pulao è pronto.

Con una pentola normale o una padella profonda.

Metti il burro chiarificato nella padella/pentola e portala sul fuoco.

Mentre il burro si scalda, aggiungi i semi di cumino, poi il cardamomo, la cannella, i chiodi di garofano e l'alloro.

Appena inizia a salire un buon profumo (dovrebbe metterci meno di un minuto), aggiungi il riso, poi il sale e lo zucchero.

Assicurati che le spezie siano brunite ma non bruciate, o il piatto sarà completamente rovinato.

Mescola bene.

Aggiungi l'acqua.

Copri la pentola o la padella con un coperchio adatto.

Abbassa il fuoco al minimo.

Lascia cuocere per 15-20 minuti.

Spegni il gas e lascia riposare il riso per altri 5 minuti.

Togli il riso.

Il jeera pulao è pronto.

Preparazione: 20 minuti

Cottura: 12 minuti in pentola a pressione; 17-22 minuti in pentola/padella

Totale: 32 minuti in pentola a pressione; 37-42 minuti in pentola/padella

Mattar pulao (riso con piselli)

Ingredienti

Riso a grani lunghi (basmati) – 1 tazza

Piselli – ½ tazza

Cipolla – 1

Acqua – 2 tazze

Semi di cumino – ½ cucchiaino

Semi di cardamomo verde – 2

Stecca di cannella – 1,3 cm

Chiodi di garofano – 4

Foglie di alloro – 1

Burro chiarificato – 2 cucchiai

Sale q.b.

Zucchero – ¼ di cucchiaino

Preparazione

Lava bene il riso 3-4 volte in un contenitore, facendo attenzione a non rompere i chicchi e lascialo "asciugare" naturalmente su un piano inclinato per 15-20 minuti. Questa operazione aiuta a intensificare l'aroma.

Con pentola a pressione

Metti il burro chiarificato nella pentola a pressione e portala sul fuoco.

Mentre il burro si scalda, aggiungi i semi di cumino, poi il cardamomo, la cannella, i chiodi di garofano e l'alloro.

Appena inizia a salire un buon profumo (dovrebbe metterci meno di un minuto), aggiungi le cipolle e cuoci finché non diventano trasparenti. Assicurati che le spezie siano brunite ma non bruciate, o il piatto sarà completamente rovinato.

Aggiungi i piselli e mescola per un minuto.

Aggiungi il riso, il sale e lo zucchero.

Mescola bene.

Aggiungi l'acqua.

Chiudi il coperchio MA togli la valvola di esercizio.

Quando il vapore inizia ad uscire dalla valvola di sicurezza (non preoccupatevi, farà un rumore particolare), abbassate il gas al minimo.

Aspetta 10 minuti e spegni il gas.

Togli il riso. Il mattar pulao è pronto.

Con una pentola normale o una padella profonda

Metti il burro chiarificato nella pentola/padella e portala sul fuoco.

Mentre il burro si scalda, aggiungi i semi di cumino, poi il cardamomo, la cannella, i chiodi di garofano e l'alloro.

Appena inizia a salire un buon profumo (dovrebbe metterci meno di un minuto), aggiungi le cipolle e cuoci finché non diventano trasparenti. Assicurati che le spezie siano brunite ma non bruciate, o il tuo piatto sarà completamente rovinato.

Aggiungi i piselli e mescola per un minuto.

Aggiungi il riso, il sale e lo zucchero.

Mescola bene.

Aggiungi l'acqua.

Copri la pentola o la padella con un coperchio adatto.

Abbassa il fuoco al minimo.

Lascia cuocere per 15-20 minuti.

Spegni il gas e lascia riposare il riso per altri 5 minuti.

Togli il riso.

Il mattar pulao è pronto.

Preparazione: 20 minuti

Cottura: 12 minuti in pentola a pressione; 17-22 minuti in pentola/padella

Totale: 32 minuti in pentola a pressione; 37-42 minuti in pentola/padella

Khichdi (piatto unico di riso, legumi e verdure)

Khichdi letteralmente significa miscuglio.

In una forma o nell'altra, è quasi obbligatorio prepararlo per la festa di Makar Sakranti, che si celebra in tutta l'India e in Nepal. Questa festa è conosciuta anche come Pongal nel Tamil Nadu, Bihu nell'Assam, Lohri nel Punjab o Uttarayan nel Gujarat.

È interessante notare come questa sia una delle poche festività hindu a cadere sempre lo stesso giorno, ossia il 14 gennaio; è il giorno in cui il sole si sposta dal Tropico del Capricorno al Tropico del Cancro, annunciando l'arrivo della primavera e l'inizio del raccolto.

Si crede che in questo giorno Surya (il dio del Sole) visiti la casa del figlio Shani (Saturno), signore di Makar rashi (Capricorno) e responsabile delle sfortune che si abbattono sugli uomini. Per ingraziarsi Shani, molti indiani preferiscono quindi cucinare il khichdi il sabato, in hindi shaniwar, ossia il giorno di Shani.

Il khichdi è un piatto unico molto nutriente, in quanto contiene i carboidrati del riso, le proteine dei legumi e le vitamine delle verdure. Inoltre si prepara in un LAMPO.

Ingredienti

Riso – ¾ di tazza

Fagioli mungo neri – ¼ di tazza

Piselli – 100 grammi

Cipolla – 1

Zenzero – un pezzo di 2,5 cm

Spinaci in foglia – 500 grammi

Carote – 2

Pomodoro – 1

Khada garam masala (cardamomo verde – 2, cardamomo marrone – 1, foglie di alloro – 2, stecca di cannella – 1,3 cm, grani di pepe nero – 6, chiodi di garofano – 4, semi di cumino – ½ cucchiaino)

Coriandolo in polvere – 1 cucchiaino

Peperoncino rosso – ¼ di cucchiaino

Curcuma – 1 cucchiaino

Assafetida – ¼ di cucchiaino

Burro chiarificato – 2 cucchiai da tavola

Sale – circa un cucchiaino o q.b.

Acqua – 3 bicchieri

Preparazione

Lava insieme il riso e i fagioli e lasciali asciugare su un piano inclinato per 5 minuti.

Con pentola a pressione

Metti il burro chiarificato nella pentola a pressione e portala sul fuoco.

Mentre si scioglie, aggiungi il khada garam masala e l'assafetida.

Lasciale brunire ma NON bruciare.

Aggiungi la cipolla e lo zenzero.

Fai saltare per 2 minuti, poi aggiungi i piselli e le carote.

Mescola bene.

Ora aggiungi gli spinaci tagliati grossolanamente, la curcuma, il coriandolo in polvere, il peperoncino in polvere e il sale. Il peperoncino serve solo a insaporire, tuttavia se piace il piccante se ne può aggiungere a piacere.

Aggiungi il riso, i fagioli e i pomodori.

Mescola bene.

Aggiungi l'acqua. Questa serve a dare al khichdi una consistenza umida; se lo preferisci più secco, mettine solo 2 bicchieri). Metti il coperchio con la valvola di esercizio.

Quando la pentola raggiunge la massima pressione, spegni il fuoco ma NON far sfiatare l'aria.

Lascia che la pentola si raffreddi da sé.

Apri la pentola a pressione e il khichdi sarà pronto.

Con una pentola normale o una padella profonda

Metti il burro chiarificato in una pentola/padella, e portala sul fuoco.

Mentre si scioglie, aggiungi il khada garam masala e l'assafetida.

Lasciale brunire ma NON bruciare.

Aggiungi la cipolla e lo zenzero.

Fai saltare per 2 minuti, poi aggiungi i piselli e le carote

Mescola bene.

Ora aggiungi gli spinaci tagliati grossolanamente, la curcuma, il coriandolo in polvere, il peperoncino in polvere e il sale.

Aggiungi il riso, i fagioli e i pomodori.

Mescola bene.

Aggiungi l'acqua.

Copri la pentola o la padella con un coperchio adatto.

Abbassa il fuoco al minimo.

Lascia cuocere per 15-20 minuti.

Spegni il gas e lascia riposare il riso per altri 5 minuti.

Il khichdi è pronto.

Preparazione: 5 minuti

Cottura: 10 minuti in pentola a pressione; 20-25 minuti in pentola

Totale: 15 minuti in pentola a pressione; 25-30 minuti in pentola

Il classico roti/phulka/chapati

Questo semplicissimo pane, privo di agenti lievitanti, è consumato in molte case indiane ogni giorno. Perciò è sorprendente che la maggior parte dei ristoranti non abbia chapati nel menù. È più facile trovare il tandoori roti o il naan, probabilmente perché è più comodo quando se ne prepara in grandi quantità.

Per la maggior parte delle famiglie, però, acquistare un tandoor (forno interrato) è troppo costoso. E quindi devono accontentare del semplice chapati. Ed ecco come si preparano.

Nota: ho visto gente stendere la pasta con cilindri d'acciaio su superfici piane, o semplicemente con le mani, creando la forma tonda del roti. Penso però che per i principianti sia più prudente investire in un mattarello (belan) e in una spianatoia tonda (chakla) prima di tentare di preparare il chapati.

Ingredienti per 5 chapati

Farina integrale – 3 tazze

Acqua tiepida - 1 tazza

Preparazione

Metti in una ciotola 2 tazze e ½ di farina, tenendo da parte ½ tazza da usare come parthan (spolvero) per stendere i chapati più avanti.

Aggiungi l'acqua e lavora gli ingredienti fino ad avere una pasta solida.

Dividi la pasta in palline grandi più o meno come una grossa noce.

Metti in un altro piatto la farina rimanente e schiacciaci dentro le palline.

A questo punto, prendi una piastra e mettila sul fuoco.

Mentre si scalda, tira fuori la spianatoia.

Con l'aiuto del mattarello, dai alla pallina passata nella farina una forma circolare, il più sottile possibile.

Metti il chapati così ottenuto sulla piastra.

Fallo cuocere su un lato, poi giralo e prosegui la cottura.

Con una pinza, togli il chapati dalla griglia e mettilo direttamente sulla fiamma.

Si gonfierà immediatamente e sarà pronto per essere servito.

Se non hai una fonte di calore con una fiamma, dovrai far gonfiare il chapati sulla piastra. Per questo ti servirà un fazzoletto; premi delicatamente lungo i bordi del chapati dopo averlo girato per la seconda volta.

Preparazione: 5 minuti

Cottura: 5 minuti per 5 chapati, cioè 1 minuto per chapati

Totale: 10 minuti

Poori

Questa versione magica dell'umile chapati è un indiscusso favorito nelle case e nei ristoranti. È fritto, quindi si conserva più a lungo del chapati ed è anche più saporito. Per questo motivo i poori sono molto popolari per i picnic, le gite e come prasadam (ringraziamento) in molti templi hindu.

Ingredienti per 12 poori

Farina integrale - 3 tazze

Sale – ½ cucchiaino

Olio - 1 cucchiaio

Acqua tiepida - 1 tazza

Olio o burro chiarificato per friggere; il burro chiarificato dà un sapore più autentico.

Preparazione

In una ciotola, mescola la farina, il sale e un cucchiaio di olio.

Ora crea un impasto solido aggiungendo l'acqua. Coprilo e lascialo riposare per mezz'ora. Prima di stendere i poori, è consigliabile lavorarlo nuovamente. Crea delle palline più piccole rispetto a quelle dei chapati, e stendili su una spianatoia tonda con il mattarello.

Consiglio: Ricorda che i poori cuociono in olio bollente. Quindi non spolverarli con farina come nel caso dei chapati, altrimenti sporcherai l'olio di cottura. Riutilizzando l'olio per cuocere altri poori, questi avranno un sapore amarognolo a causa della farina bruciata.

Metti l'olio (o il burro chiarificato) in un wok piccolo fino a riempirlo per metà. Scalda l'olio finché non sale un leggerissimo fumo.

Ora metti i poori, uno alla volta, nell'olio. Girali con una spatola e premili con delicatezza finché non si gonfiano magicamente come palloncini. Toglili dal wok e poggiali su un piatto coperto di carta assorbente per togliere l'olio in eccesso.

Assapora i deliziosi poori con verdure, carne o anche dolci come kheer o halwa.

Consiglio: L'olio o il burro chiarificato usato per friggere dovrebbe essere conservato in frigo e utilizzato in altri piatti il prima possibile.

Preparazione: 35 minuti

Cottura: 8 minuti per 12 poori cioè 40 secondi per poori

Totale: 43 minuti

Varki paratha classico

Le paratha sono un'altra deliziosa variante del pane azzimo indiano, molto popolari per colazioni, picnic e gite. Visto che anche queste sono cotte nel grasso, anche se non fritte come i poori, si conservano più a lungo dei chapati.

Rispetto ai poori, le paratha sono più adatte ad essere riempite. Richiedono anche meno olio o burro per cuocere, il che le rende molto amate in tutte le case e nei ristoranti dove si tiene d'occhio il portafoglio.

Questa è la ricetta del varki paratha classico, dove varki significa sfogliare "magicamente" le paratha strato dopo strato.

Ingredienti per 5 paratha

Farina integrale – 3 tazze

Sale – ½ cucchiaino

Olio - 1 cucchiaio

Acqua tiepida - 1 tazza

Olio o burro chiarificato per friggere; il burro chiarificato dà un sapore più autentico.

Preparazione

In una ciotola, mescola la farina, il sale e un cucchiaio di olio.

Ora crea un impasto solido aggiungendo l'acqua. Coprilo e lascialo riposare per mezz'ora.

Fai delle palline grandi come grosse noci.

Stendile sulla spianatoia come hai fatto con i chapati.

Quando l'impasto è tondo e sottile, spargi qualche goccia di olio da cucina sulla superficie e piegalo a metà. Spargi altro olio su questa metà e piega ancora, a formare un triangolo.

Aiutandoti con spianatoia e mattarello, allarga delicatamente la pasta il più possibile per formare un triangolo o un cerchio grande quanto un chapati.

Porta una griglia sul fuoco.

Quando è calda, mettici la paratha.

Abbassa il fuoco a medio, e cuoci la paratha su un lato.

Girala e cuocila sull'altro lato.

Copri il lato superiore con un cucchiaino da tè di olio o burro chiarificato.

Girala e ripeti il procedimento, in modo da ottenere una consistenza croccante.

Toglila dal fuoco e mettila in un piatto coperto da tovaglioli di carta per tenerle al caldo.

Ripeti il procedimento con tutte le altre paratha.

Assaporale calde con verdure o carne.

Preparazione: 35 minuti.

Cottura: 5 minuti per 5 paratha, cioè 1 minuto per paratha

Totale: 40 minuti

Capitolo 6: Dal (legumi)

Chiamateli zuppe o curry, ma troverete i dal in ogni casa indiana. Si possono cucinare in tanti modi quante sono le regioni e le lingue indiane. Ma il filo comune che le lega è che, come eccellente risorsa di proteine vegetali, dovrebbero essere in ogni pasto.

Un avvertimento. La maggior parte dei dal richiede l'uso della pentola a pressione se li vuoi cucinare in un lampo. Ma se non ce l'hai, puoi cucinare i dal in tegami profondi. È anche il modo in cui si cucinano in buona parte dell'India rurale e nelle dhaba, ma ci vuole molto più tempo. Dovrai anche controllare i dal di tanto in tanto mentre cuociono, per vedere se si sono ammorbiditi e cotti.

Consiglio: Mettere in ammollo alcuni tipi di dal durante la notte riduce i tempi di cottura.

In questo capitolo ti presenterò le dieci ricette di dal "casalinghe" più popolari, che usano arhar/toor dal (caiani spezzati), chana dal (ceci spezzati), masoor dal (lenticchie rosse), moong dal (fagioli mungo neri), chhola (ceci interi), e rajma (fagioli rossi) .

Arhar dal (caiani spezzati)

Ingredienti

Caiani spezzati – ½ tazza

Acqua – 4 tazze

Curcuma – ½ cucchiaino

Sale – circa ½ cucchiaino o q.b.

Pomodoro – 1

Semi di cumino – ½ cucchiaino

Burro chiarificato – 1 cucchiaino

Foglie fresche di coriandolo (facoltative)

Preparazione

Lava i caiani (seguendo lo stesso procedimento usato per il riso) e mettili nella pentola a pressione con acqua, curcuma, sale, e il pomodoro a pezzi.

Chiudi il coperchio con la valvola di esercizio (a differenza che con il riso), mettila sul fuoco e falla arrivare alla pressione massima (cioè quando la valvola sale emettendo un fischio).

A questo punto abbassa la fiamma al minimo e lascia cuocere per altri 5 minuti.

Spegni il fuoco e lascia raffreddare la pentola.

In una padellina, metti a scaldare il burro chiarificato.

Quando si è sciolto, aggiungi i semi di cumino e lascia che scoppiettino. Assicurati che non brucino, ma soltanto che tostino.

Aggiungi il tutto ai legumi.

L'arhar dal è pronto.

Se vuoi, puoi aggiungere delle foglie fresche di coriandolo tagliuzzate.

Preparazione: 5 minuti

Cottura: 12 minuti

Totale: 17 minuti

Arhar dal (variante con semi di senape nera, cipolla, aglio e foglie di curry)

Negli stati del Gujarat e del Maharashtra si preferisce cuocere l'arhar/toor dal in questa saporita variante con semi di senape nera e foglie di curry al posto di cumino e foglie di coriandolo. Provala!

Ingredienti

Caiani spezzati – ½ tazza piccola

Acqua – 4 tazze piccole (usa la stessa tazza!)

Curcuma – ½ cucchiaino

Sale – circa ½ cucchiaino o q.b.

Pomodoro – 2

Cipolla – 1

Aglio – 4 spicchi

Semi di senape nera – ½ cucchiaino

Foglie di curry

Burro chiarificato – 2 cucchiaini

Preparazione

Lava i caiani (seguendo lo stesso procedimento usato per il riso) e mettili nella pentola a pressione con acqua, curcuma, sale, e il pomodoro a pezzi.

Chiudi il coperchio con la valvola di esercizio (a differenza che con il riso), mettila sul fuoco e falla arrivare alla pressione massima (cioè quando la valvola sale emettendo un fischio).

A questo punto abbassa la fiamma al minimo e lascia cuocere per altri 5 minuti.

Spegni il fuoco e lascia raffreddare la pentola.

In una padellina, metti a scaldare il burro chiarificato.

Quando si è sciolto, aggiungi i semi di senape finché non scoppiettano, poi aggiungi le foglie di curry.

Assicurati che i semi di senape non brucino.

Aggiungi il tutto ai caiani.

La variante dell'arhar dal è pronta.

Preparazione: 5 minuti

Cottura: 12 minuti

Totale: 17 minuti

Chana dal (ceci spezzati)

Questi sono tra i pochi legumi che si cucinano con il garam masala. Si accompagnano bene al pulao o ai piatti di carne preparati con il garam masala.

Ingredienti

Ceci spezzati – ½ tazza

Acqua – 4 tazze (usa la stessa tazza!)

Curcuma – ½ cucchiaino

Sale – circa ½ cucchiaino o q.b.

Pomodoro – 2

Cipolla – 1

Aglio – 2 pezzi

Zenzero – un pezzo di 2,5 cm

Semi di cumino – ½ cucchiaino

Garam masala – ½ cucchiaino

Burro chiarificato – 2 cucchiaini

Preparazione

Lava i ceci.

Metti la pentola a pressione sul fuoco e aggiungi il burro chiarificato.

Quando si è sciolto, aggiungi i semi di cumino e falli rosolare.

Aggiungi la cipolla a pezzi, l'aglio e lo zenzero. Fai saltare per 2 minuti.

Aggiungi i pomodori e fai saltare per un altro minuto.

Aggiungi i ceci, la curcuma, il sale, l'acqua e il garam masala.

Chiudi il coperchio e fai arrivare la pentola alla pressione massima.

Abbassa la fiamma al minimo e lascia cuocere per altri 10 minuti.

Spegni il fuoco e lascia raffreddare la pentola.

Il chana dal è pronto.

Preparazione: 5 minuti

Cottura: 15 minuti

Totale: 20 minuti

Masoor dal (lenticchie rosse)

Ingredienti

Lenticchie rosse – ½ tazza

Acqua – 4 tazze (usa la stessa tazza!)

Curcuma – ½ cucchiaino

Sale – circa ½ cucchiaino o q.b.

Pomodoro – 2

Cipolla – 1

Aglio – 2 spicchi

Semi di cumino – ½ cucchiaino

Burro chiarificato – 2 cucchiaini

Preparazione

Lava le lenticchie rosse.

Metti la pentola a pressione sul fuoco e aggiungi il burro chiarificato.

Quando si è sciolto, aggiungi i semi di cumino e falli rosolare.

Aggiungi la cipolla a pezzi e l'aglio.

Fai saltare per 2 minuti.

Aggiungi i pomodori e fai saltare per un altro minuto.

Aggiungi le lenticchie, la curcuma, il sale e l'acqua.

Chiudi il coperchio e fai arrivare la pentola alla pressione massima.

Abbassa la fiamma al minimo e lascia cuocere per altri 10 minuti.

Spegni il fuoco e lascia raffreddare la pentola.

Il masoor dal è pronto.

Preparazione: 5 minuti

Cottura: 13 minuti

Totale: 18 minuti

Dhuli masoor dal (lenticchie rosse spezzate)

Ingredienti

Lenticchie rosse spezzate – ½ tazza

Acqua – 4 tazze

Curcuma – ½ cucchiaino

Sale – circa un cucchiaino o q.b.

Pomodoro – 2

Semi di cumino – ½ cucchiaino

Aglio – 4 spicchi

Peperoncino rosso intero – 1

Olio – 1 cucchiaino

Foglie fresche di coriandolo (facoltative)

Preparazione

Lava le lenticchie e mettile nella pentola a pressione con acqua, curcuma, sale, e i pomodori a pezzi.

Chiudi il coperchio con la valvola di esercizio (a differenza che con il riso), mettila sul fuoco e falla arrivare alla pressione massima (cioè quando la valvola sale emettendo un fischio).

Spegni il fuoco e lascia raffreddare la pentola.

In una padellina, metti a scaldare l'olio.

Quando si è sciolto, aggiungi i semi di cumino e il peperoncino e lascia che scoppiettino. Assicurati che non brucino, ma soltanto che tostino.

Aggiungi l'aglio e fallo rosolare per qualche secondo finché non inizia a profumare.

Aggiungi il tutto alle lenticchie.

Il dhuli masoor dal è pronto.

Se vuoi, puoi aggiungere delle foglie fresche di coriandolo tagliuzzate.

Preparazione: 5 minuti

Cottura: 7 minuti

Totale: 12 minuti

Dhuli moong dal (fagioli mungo neri decorticati)

Ingredienti

Fagioli mungo neri decorticati – ½ tazza

Acqua – 4 tazze

Curcuma – ½ cucchiaino

Sale – circa ½ cucchiaino o q.b.

Pomodoro – 1

Semi di cumino – ½ cucchiaino

Burro chiarificato – 1 cucchiaino

Foglie fresche di coriandolo (facoltative)

Preparazione

Lava i fagioli mungo neri e mettili nella pentola a pressione con acqua, curcuma, sale, e il pomodoro a pezzi.

Chiudi il coperchio con la valvola di esercizio (a differenza che con il riso), mettila sul fuoco e falla arrivare alla pressione massima (cioè quando la valvola sale emettendo un fischio).

Spegni il fuoco e lascia raffreddare la pentola.

In una padellina, metti a scaldare il burro chiarificato.

Quando si è sciolto, aggiungi i semi di cumino e lascia che scoppiettino.

Assicurati che non brucino, ma soltanto che tostino.

Aggiungi il tutto ai legumi.

Il moong dal è pronto.

Se vuoi, puoi aggiungere delle foglie fresche di coriandolo tagliuzzate.

Preparazione: 5 minuti

Cottura: 7 minuti

Totale: 12 minuti

Sambar

In Andhra Pradesh, Tamil Nadu, Karnataka e Kerala, nell'India meridionale, si preferisce cucinare l'arhar/toor dal in questa gustosa, ma più piccante, versione. A dire il vero, amano talmente tanto il sambar da consumarlo a ogni pasto, colazione inclusa!

Fai attenzione, NON è una zuppetta leggera.

Ingredienti

Caiani decorticati – ½ tazza piccola

Acqua – 4 tazze (usa la stessa tazza!)

Cipolla – 1

Pomodori – 2

Aglio – 6 spicchi

Fagioli – 100 grammi

Zucca – 100 grammi

Zucca a fiasco – 100 grammi

Sambar masala – 4 cucchiaini

Pasta di tamarindo – 1 cucchiaio (sciolto in ½ tazza d'acqua)

Burro chiarificato – 1 cucchiaio

Semi di senape nera – 1 cucchiaio

Foglie di curry – 10–12

Sale q.b.

Zucchero – ½ cucchiaino

Preparazione

Lava bene i caiani e le verdure. Taglia le verdure, le cipolle, i pomodori e l'aglio.Metti tutto in una pentola a pressione.

Aggiungi il sambar masala, il sale e lo zucchero.

Aggiungi l'acqua.

Chiudi il coperchio e mettila sul fuoco.

Quando la pentola raggiunge la massima pressione, abbassa la fiamma al minimo e cuoci per 7 minuti.

Lascia che la pentola si raffreddi e aprila.

Aggiungi la pasta di tamarindo e porta di nuovo a bollore senza chiudere.

Metti il burro chiarificato, i semi di senape nera e le foglie di curry in una padella piccola e falli scoppiettare.

Aggiungi il tutto al sambar. Il sambar è pronto.

Se non riesci a procurarti le foglie di curry, i soli semi di senape dovrebbero essere sufficienti.

Se vuoi un sapore più amaro, aggiungi altra pasta di tamarindo. Se invece lo preferisci più dolce, aggiungi altro zucchero.

Preparazione: 8 minuti

Cottura: 12 minuti

Totale: 20 minuti

Rajma (curry di fagioli rossi)

Un indiscusso favorito negli stati settentrionali del Punjab, Haryana, Himachal Pradesh e Jammu e Kashmir; i fagioli vengono trattati più come carne che come legumi. Molte dhaba prosperano servendo solo rajma con del fragrante riso basmati a un'apparentemente infinita fila di avventori.

Prova questo piatto anche solo una volta e non toccherai mai più degli insipidi fagioli al sugo.

Ingredienti

Fagioli rossi – 1 tazza

Acqua – 4 tazze

Cipolla – 1

Aglio – 5 spicchi

Zenzero – un pezzo di 2,5 cm

Pomodori – 4

Garam masala – ½ cucchiaino

Curcuma – ½ cucchiaino

Semi di cumino – ½ cucchiaino

Peperoncini rossi del Kashmir in polvere – ½ cucchiaino

Burro chiarificato – 2 cucchiai

Sale q.b.

Zucchero – ¼ di cucchiaino

Preparazione

Lascia i fagioli in ammollo tutta la notte in due tazze d'acqua.

Nota: Senza ammollo i tempi di cottura diventeranno lunghissimi e i fagioli potrebbero non cuocersi – e anche essere tossici.

Metti la pentola a pressione sul fuoco.

Aggiungi il burro chiarificato e quando è sciolto, aggiungi i semi di cumino.

Appena i semi di cumino bruniscono, nel giro di qualche secondo (assicurati che non brucino), aggiungi la cipolla, l'aglio e lo zenzero a pezzi.

Fai cuocere finché le cipolle diventano trasparenti e mandano un buon aroma.

Aggiungi i fagioli, il peperoncino e la curcuma in polvere, il garam masala, il sale e lo zucchero. Il peperoncino serve solo a insaporire e non a rendere il piatto piccante.

Fai saltare per circa un minuto.

Ora aggiungi i pomodori.

Falli arrostire finché sono cotti.

Aggiungi 4 tazze d'acqua e chiudi il coperchio.

Lascia che la pentola arrivi alla massima pressione, ossia quando il vapore inizia ad uscire dalla valvola di sicurezza (non preoccuparti, farà un rumore particolare), e poi abbassa immediatamente il gas al minimo.

Fai cuocere a fuoco basso per altri 15 minuti.

Poi spegni il fuoco e lascia raffreddare.

Apri il coperchio e controlla che la rajma abbia la consistenza desiderata. Se la preferisci più umida, aggiungi un po' d'acqua. Se la preferisci più secca, rimetti la pentola sul fuoco senza coperchio e lascia evaporare l'acqua. In ogni caso, continua a mescolare in modo che la rajma non bruci.

Si accompagna deliziosamente con del riso basmati al vapore.

Preparazione: ammollo durante la notte. 5 minuti per lavare e tagliare gli ingredienti

Cottura: 20 minuti

Totale: 25 minuti

Chhola (curry di ceci)

Un altro classico degli stati settentrionali del Punjab, Haryana, Himachal Pradesh e Jammu e Kashmir. Come nel caso della rajma, anche qui i ceci sono cucinati come se fossero carne invece di legumi. Tuttavia, a differenza della rajma che tradizionalmente si serve con del riso basmati, il chhola si mangia più spesso con i poori e i bhathura (pane fritto e lievitato). La combinazione è molto usata per le colazioni e i brunch.

Provalo con qualunque tipo di pane, indiano o occidentale, e scommetto che ti innamorerai di questo piatto.

Ingredienti

Ceci interi – 1 tazza piccola

Cipolle – 2

Aglio – 6 spicchi

Zenzero – un pezzo di 3,8 cm

Pomodori – 3

Semi di cumino – ½ cucchiaino

Coriandolo in polvere – 2 cucchiaini

Curcuma – 1 cucchiaino

Garam masala – ½ cucchiaino

Peperoncino rosso del Kashmir in polvere – ½ cucchiaino

Olio - 2 cucchiai

Sale q.b.

Preparazione

Lascia in ammollo i ceci in acqua (facendo attenzione che siano completamente coperti) per almeno 4 ore. In questo modo diventeranno teneri e impiegheranno meno tempo a cuocersi.

Metti i ceci nella pentola a pressione, con acqua a sufficienza per coprirli.

Accendi il gas e chiudi il coperchio della pentola con la valvola.

Quando la pentola raggiunge la massima pressione, abbassa la fiamma al minimo e cuoci per 10 minuti.

Spegni il fuoco e lascia raffreddare la pentola.

Frulla i pomodori, lo zenzero, l'aglio e le cipolle fino a farli diventare un composto liscio.

Metti a scaldare l'olio nel wok.

Quando l'olio è caldo, aggiungi i semi di cumino

Dopo pochi secondi, appena i semi di cumino diventano marroncini, aggiungi il composto preparato in precedenza. Assicurati che il cumino non bruci.

Cuoci il composto finché non inizia a mandare un buon odore.

Aggiungi la curcuma, il garam masala, il peperoncino e il coriandolo.

Fai saltare per 2 minuti.

A questo composto aggiungi i ceci scolati dell'acqua.

Amalgama bene e aggiungi il sale.

Ora puoi aggiungere acqua a piacere, a seconda di quanto vuoi sia denso il curry.

Lascia bollire il tutto per circa due minuti, così che tutti gli ingredienti siano ben amalgamati.

Il chhola è pronto.

Preparazione: ammollo durante la notte o per almeno 4 ore; 5 minuti per lavare e tagliare gli ingredienti

Cottura: 20 minuti in pentola a pressione

Totale: 25 minuti

Nota: se hai provato il chhola in una dhaba, potresti trovare questa versione "casalinga" un po' insipida. Questo per due motivi. Il primo è che nelle dhaba si cucina in grosse quantità (fino a 10 chili di ceci per volta), e non esistendo pentole a pressione così grandi, si aggiunge un po' di bicarbonato durante l'ammollo. È una pratica che sconsiglio perché fa salire la percentuale di sodio nel chhola (e non è buono per la pressione) senza arricchirne il gusto. Chi ha il palato sensibile potrebbe addirittura non gradire questo retrogusto "saponoso" dato dal bicarbonato.

Il che ci porta al secondo motivo, ossia alla necessità di attenuare questo sapore di bicarbonato. Ciò si ottiene usando spezie più forti come il fieno greco. Si usano poi gli anardana (semi di melograno) per aumentare l'asprezza del piatto. Infine, foglie di tè vengono aggiunte per conferire un colore più scuro al chhola.

Non ho niente in contrario a questo. Fallo pure se cerchi l'autentico sapore delle dhaba.

Ma riguardo al primo, è meglio usare una pentola a pressione o una slow cooker.

Karhi (curry di yogurt e farina di ceci)

Questo piatto è stato probabilmente inventato per quei giorni in cui non trovavi verdure fresche al mercato. Questa necessità è praticamente scomparsa con l'avvento dei supermercati che offrono cibo proveniente da ogni parte del mondo.

Ciononostante, il karhi è rimasto un piatto popolare non solo nell'India settentrionale ma anche in quella occidentale, con alcune varianti.

Questa è la versione occidentale, che trovo più gustosa.

Ingredienti

Yogurt – 1 tazza

Farina di ceci (besan) – 2 cucchiai

Curcuma – 1 cucchiaino

Coriandolo – 1 cucchiaino

Peperoncino rosso del Kashmir in polvere – ½ cucchiaino da tè

Zucchero – 1 cucchiaino

Assafetida – ¼ di cucchiaino

Peperoncino verde intero – 1

Sale – circa un cucchiaino o q.b.

Acqua – 2 e ½ tazze

Burro chiarificato – 1 cucchiaino

Semi di senape nera – ½ cucchiaino

Foglie di curry

Preparazione

In un wok, mescola lo yogurt, la farina di ceci, la curcuma, il coriandolo, il peperoncino in polvere, lo zucchero, l'assafetida, il peperoncino intero e il sale. Se lo preferisci piccante, puoi tagliare il peperoncino verde a pezzetti.

Amalgama bene e aggiungi l'acqua.

Accendi il gas e metti il wok sul fuoco.

Lascia arrivare a bollore e fai cuocere, continuando a mescolare finché non ottieni una consistenza appena densa (circa 5 minuti).

A questo punto togli dal fuoco.

A parte, in una padella, metti il burro chiarificato, i semi di senape nera e le foglie di curry.

Appena i semi di senape iniziano a scoppiettare, spegni il gas e versa il tutto nel wok.

Il karhi è delizioso accompagnato al riso.

Puoi anche aggiungergli delle pakora (verdure impanate nella farina di ceci e fritte).

Se preferisci la versione settentrionale, togli il passaggio con le foglie di curry e la senape dalla ricetta.

Preparazione: 5 minuti

Cottura: 7 minuti

Totale: 12 minuti

Capitolo 7: Piatti vegetariani

Nessuno sa cucinare le verdure così bene e in così tanti modi come gli indiani. A grandi linee, ci sono tre modi diversi per prepararli. Primo, la maniera settentrionale, con l'uso del garam masala. Secondo, la maniera orientale in cui si usa il pachphoran, una mistura di cinque spezie non utilizzate nel garam masala. E infine, la maniera meridionale, dove non si usano né garam masala né pachporan ma semi di senape nera, foglie di curry e latte di cocco.

Tutte e tre sono deliziose. Sono certo che non si può dire altrettanto della maggior parte dei piatti vegetariani occidentali od orientali, che al palato indiano sembrano "insalata," a meno di utilizzare brodo di pollo o salsa di pesce per dare un po' di sapore. Ma a questo punto non sarebbero proprio "vegetariani," giusto?

Dopo questa veloce introduzione, ti presento 15 ricette: cinque del nord, cinque del sud, cinque dell'est, e un extra speciale per i miei amici occidentali.

Iniziamo con le ricette del nord.

Band gobi, gaajar, aloo, mattar sabzi (curry con cavolo, carote, patate e piselli)

Ingredienti

Cavolo – 500 grammi

Piselli verdi (meglio se freschi e con il baccello) – 200 grammi

Patate – 2

Carote – 2

Cipolle – 2

Aglio – 4 spicchi

Zenzero – un pezzo di 2,5 cm

Pomodoro – 2

Curcuma – ½ cucchiaino

Semi di coriandolo macinati – 2 cucchiaini

Garam masala – ½ cucchiaino

Peperoncino rosso del Kashmir in polvere – ¼ di cucchiaino (per un gusto più piccante, aumentare la dose o aggiungere un altro tipo di peperoncino)

Semi di cumino – ½ cucchiaino

Sale – circa 1 cucchiaino o q.b.

Ketchup – 1 cucchiaio

Olio – 1 cucchiaio

Burro chiarificato – 1 cucchiaio

Acqua – 1 tazza

Preparazione

Frulla cipolle, aglio, zenzero e pomodori fino a ottenere un composto liscio.

Scalda l'olio nella pentola a pressione. (Se non hai la pentola a pressione, usa un wok o una padella profonda).

Aggiungi il cumino all'olio e quando si scurisce, aggiungi il composto e lascialo soffriggere.

Quando inizia a salire un buon profumo, aggiungi le verdure (cavolo, carote, piselli e patate) e lascia cuocere a fiamma bassa.

Aggiungi il garam masala e il sale; continua a mescolare finché le verdure non ne sono impregnate.

Aggiungi ketchup e burro chiarificato, e mescola ancora.

Aggiungi l'acqua.

Chiudi il coperchio e fai arrivare la pentola alla massima pressione.

Poi spegni il gas.

(Se usi un wok o una padella, coprilo con un coperchio e abbassa la fiamma al minimo. Lascia cuocere le verdure per circa 10 minuti. Ogni tanto pungi le verdure per controllare il grado di cottura).

Lascia raffreddare la pentola a pressione prima di aprirla.

Il band gobi, gaajar, aloo, mattar sabzi è pronto.

Preparazione: 10 minuti.

Cottura: 7 minuti in pentola a pressione; 15-20 minuti in pentola.

TotaleTotale: 17 minuti in pentola a pressione; 25-30 minuti in pentola.

Fagiolini al cocco

Questo è un semplice piatto dell'India meridionale.

Ingredienti

Fagiolini – 400 grammi

Cocco fresco grattuggiato – 1

Zenzero – un pezzo di 5 cm

Semi di senape nera – ½ cucchiaino

Foglie di curry – 10

Olio - 1 cucchiaio

Sale q.b.

Preparazione

Pulisci i fagiolini e tagliali in pezzi da 2,5 cm. Cuocili al vapore (anche nel microonde) per 5 minuti.

Metti l'olio in una padella e mettila sul fuoco.

Quando l'olio è caldo, aggiungi i semi di senape e le foglie di curry.

Quando la senape inizia a scoppiettare, aggiungi lo zenzero.

Lascia soffriggere per un minuto.

Aggiungi fagiolini, sale e cocco grattugiato.

Mescola bene. I fagiolini sono pronti.

Preparazione: 5 minuti

Cottura: 8 minuti

Totale: 13 minuti

Cavolo, carote e piselli al cocco

Un altro tributo all'India meridionale.

Ingredienti

Cavolo – 400 grammi

Carote – 100 grammi

Piselli –100 grammi

Cocco fresco grattugiato – 1

Zenzero – un pezzo di 5 cm

Semi di senape nera – ½ cucchiaino

Foglie di curry – 10

Olio - 1 cucchiaio

Sale q.b.

Preparazione

Lava bene il cavolo e le carote, tagliandoli in pezzi di 2,5 cm

Cuocili al vapore (anche nel microonde) per 5 minuti.

Metti l'olio in una padella e mettila sul fuoco.

Quando l'olio è caldo, aggiungi i semi di senape e le foglie di curry.

Quando la senape inizia a scoppiettare, aggiungi lo zenzero.

Lascia soffriggere per un minuto.

Aggiungi verdure, sale e cocco grattugiato.

Mescola bene.

I fagiolini sono pronti.

Preparazione: 5 minuti

Cottura: 10 minuti

Totale: 15 minuti

Paneer grigliato

Questo piatto velocissimo (da fare in un LAMPO) è dedicato ai miei amici occidentali, per introdurli al gusto del paneer con una salsa molto familiare.

Ingredienti

Paneer – 200 grammi

Salsa per pasta o pizza – 1 cucchiaio per pezzo

Sale q.b.

Preparazione

Taglia il paneer per farlo sembrare una fetta di pane. Spolvera un po' di sale su ogni pezzo e coprilo con un cucchiaio di salsa per pizza. Lascia marinare per 15 minuti. Metti il paneer marinato su una griglia e cuoci per 5 minuti o finché il paneer non è leggermente dorato.

Tutto qui. Buon appetito.

Preparazione: 20 minuti per mettere assieme gli ingredienti e marinarli

Cottura: 5 minuti

Totale: 25 minuti

Mattar Paneer (Curry di paneer e piselli)

Questo è un classico della cucina settentrionale, lo troverai ovunque, a casa, nelle dhaba e anche nei ristoranti. Questa è una versione a basso contenuto calorico.

Ingredienti

Paneer – 500 grammi

Piselli verdi (meglio se freschi e con il baccello) – 200 grammi

Cipolle – 2

Aglio – 4 spicchi

Zenzero – un pezzo di 2,5 cm

Pomodori – 2

Curcuma – ½ cucchiaino

Semi di coriandolo macinati – 2 cucchiaini

Garam masala – ½ cucchiaino

Peperoncino rosso del Kashmir in polvere – ¼ di cucchiaino (per un gusto più piccante, aumentare la dose o aggiungere un altro tipo di peperoncino)

Semi di cumino – ½ cucchiaino

Sale – circa 1 cucchiaino o q.b.

Ketchup – 1 cucchiaio

Olio – 1 cucchiaio

Burro chiarificato – 1 cucchiaio

Acqua – 1 tazza

Preparazione

Arrostisci il paneer in una padella antiaderente senza grasso finché non è dorato. Ora può essere tagliato a dadini.

(Molte ricette consigliano di friggerlo, e se non t'interessano le calorie puoi sempre farlo).

Frulla cipolle, aglio, zenzero e pomodori fino a ottenere un composto liscio.

Scalda l'olio nella pentola a pressione. Se non hai la pentola a pressione, usa un wok o una padella profonda).

Aggiungi il cumino all'olio e quando si scurisce, aggiungi il composto e lascialo soffriggere.

Quando il composto inizia a emanare un buon profumo, aggiungi i piselli e il paneer e fai cuocere a fuoco basso.

Aggiungi il garam masala e il sale.

Aggiungi ketchup e burro chiarificato, e mescola ancora.

Chiudi il coperchio e fai arrivare la pentola alla massima pressione.

Spegni il gas.

Lascia raffreddare la pentola a pressione prima di aprirla.

(Se usi un wok o una padella, coprilo con un coperchio e abbassa la fiamma al minimo. Fai cuocere i piselli per circa 5 minuti).

Il mattar paneer è pronto.

Preparazione: 10 minuti.

Cottura: 5 minuti in pentola a pressione; 10 minuti in pentola.

Totale: 15 minuti in pentola a pressione; 20 minuti in pentola.

Verdure miste con latte di cocco

Se proprio ti senti avventuroso, prova questa ricetta tipica dell'India meridionale. Credimi, è talmente paradisiaca da essere diventata una delle mie preferite. E questa ricetta con 6 tipi diversi di verdure, la bontà del latte di cocco e tante spezie è anche salutare.

Ingredienti

Zucca – 150 grammi

Carote – 100 grammi

Fagioli – 100 grammi

Cavolfiore – 100 grammi

Patate – 100 grammi

Zucca a fiasco – 100 grammi

Cipolla – 1

Zenzero – un pezzo di 2,5 cm

Aglio – 4 spicchi

Pomodoro –1

Semi di senape nera – ½ cucchiaino

Foglie di curry

Coriandolo in polvere – 2 cucchiaini

Curcuma – 1 cucchiaino

Peperoncino rosso in polvere – ¼ di cucchiaino da tè

Latte di cocco – 400 ml

Olio - 2 cucchiai

Sale q.b.

Preparazione

Lava e taglia le verdure a dadini.

Frulla cipolle, aglio, zenzero e pomodoro fino a ottenere un composto liscio.

Metti la pentola a pressione o il wok sul fuoco e aggiungi l'olio.

Quando l'olio è caldo, aggiungi i semi di senape e le foglie di curry.

Quando la senape inizia a scoppiettare, aggiungi il composto di cipolle, aglio, zenzero e pomodoro. Mescola bene.

Cuoci, continuando a mescolare, finché il composto inizia a emanare un buon odore.

Aggiungi le verdure e mescola di nuovo bene.

Aggiungi il coriandolo, la curcuma, il peperoncino e il sale.

Continua a mescolare finché le verdure non ne sono impregnate.

Ora aggiungi un po' d'acqua e chiudi il coperchio della pentola a pressione.

Fai arrivare la pentola alla pressione massima.

Spegni il gas e rilascia immediatamente la pressione, o le verdure saranno troppo cotte.

(Se usi un wok o una padella, coprilo con un coperchio e abbassa la fiamma al minimo. Lascia cuocere le verdure per circa 10 minuti. Ogni tanto pungi le verdure per controllare il grado di cottura).

Apri la pentola a pressione e aggiungi il latte di cocco.

Riaccendi il gas e rimetti la pentola sul fuoco senza coprirla finché le verdure non iniziano a bollire.

Ora puoi finalmente spegnere il fuoco.

Le verdure al latte di cocco sono pronte.

(Se stai usando un wok o una padella, aggiungi il latte di cocco appena le verdure sono cotte. Porta il tutto a bollore e il piatto è pronto).

Nota: Se trovi della pasta per curry già pronta, puoi usarla al posto del composto di cipolle, aglio, zenzero e pomodoro. In questo caso basta aggiungere la pasta ai semi di senape, aggiungere le verdure e seguire il resto delle istruzioni. In questo modo si risparmia un bel po' di tempo.

Preparazione: 10 minuti.

Cottura: 7minuti in pentola a pressione; 15 minuti in pentola.

Totale: 17minuti in pentola a pressione; 25 minuti in pentola.

Lauki (Zucca a fiasco)

Questo è il modo più facile per cucinare la lauki alla maniera orientale, con il minimo sindacale di spezie. Quindi niente curcuma, niente garam masala o pachphoran. Non potrebbe esserci niente di più semplice e di più gustoso.

Ingredienti

Lauki (Zucca a fiasco) – 1 (circa 1 kg)

Cipolla – 1

Semi di cumino – ½ cucchiaino

Peperoncino rosso intero – 1

Sale – circa un cucchiaino o q.b.

Olio - 1 cucchiaio

Preparazione

Metti l'olio in una pentola a pressione o in un wok, quando è caldo aggiungi i semi di cumino e il peperoncino intero.

Appena il cumino inizia a dorare, aggiungi la cipolla tagliata e fai soffriggere finché non diventa trasparente.

Aggiungi la zucca e il sale. Mescola bene.

Chiudi il coperchio della pentola a pressione e falla arrivare alla pressione massima.

A questo punto togli la pentola dal fuoco, raffreddala sotto l'acqua e rilascia la pressione.

Ora scoperchiala e rimettila sul fuoco. Questo perché la zucca rilascia molta acqua. Quindi vanno fatti asciugare un pochino prima di servirla.

Tutto qui.

(Se usi un wok o una padella, coprilo con un coperchio e abbassa la fiamma al minimo. Visto che la zucca rilascia molta acqua, non servirà aggiungerne altra, al contrario di quanto avviene con altre verdure. Lasciala cuocere per circa 10 minuti. Ogni tanto pungila per controllarne il grado di cottura).

Preparazione: 5 minuti

Cottura: 10 minuti in pentola a pressione; 15 minuti in pentola.

Totale: 15 minuti in pentola a pressione; 20 minuti in pentola.

Palak baingan (spinaci e melanzane)

Questo è un autentico piatto orientale, fatto con il pachphoran. Padroneggiando questa tecnica potrai cucinare qualunque ricetta con il pachphoran con stile.

Ingredienti

Spinaci (palak) – 1 chilo

Melanzane (baingan) – 1 (circa 200 grammi)

Cipolla – 1

Pomodori – 2

Pachphoran – 1 cucchiaino

Olio (possibilmente di senape) – 1 cucchiaio

Sale – circa ½ cucchiaino o q.b.

Preparazione

Scalda l'olio nella pentola a pressione o in un wok, e aggiungi il pachphoran.

Quando inizia a scoppiettare (nel giro di pochi secondi), aggiungi le cipolle tagliate e falle saltare per un minuto a fuoco basso.

Aggiungi gli spinaci lavati e tagliati, le melanzane a cubetti e i pomodori. Mescola per amalgamare bene il tutto. Chiudi il coperchio della pentola a pressione e falla arrivare alla pressione massima.

A questo punto togli la pentola dal fuoco, raffreddala sotto l'acqua e rilascia la pressione.

Ora scoperchiala e rimettila sul fuoco. Questo perché gli spinaci rilasciano molta acqua. Quindi vanno fatti asciugare un pochino prima di servirla.

Aggiungi il sale e mescola.

Tutto qui.

(Se usi un wok o una padella, coprilo con un coperchio e abbassa la fiamma al minimo. Visto che gli spinaci rilasciano molta acqua, non servirà aggiungerne altra, al contrario di quanto avviene con altre verdure. Lascia cuocere le verdure per circa 10 minuti. Aggiungi il sale e mescola).

Preparazione: 5 minuti

Cottura: 10 minuti in pentola a pressione; 15 minuti in pentola.

Cottura: 15 minuti in pentola a pressione; 20 minuti in pentola.

Palak paneer (curry di paneer e purè di spinaci)

Un altro piatto settentrionale molto popolare, che si può rendere piccante a piacimento. Questa ricetta è l'ideale per introdurre ai più piccoli i benefici dell'umile spinacio, e in un modo assolutamente delizioso.

Ingredienti

Paneer – 500 grammi

Spinaci – 1 chilo

Cipolle – 1

Aglio – 4 spicchi

Pomodori – 1

Garam masala – ½ cucchiaino

Peperoncino rosso del Kashmir in polvere – ¼ di cucchiaino (per un gusto più piccante, aumentare la dose o aggiungere un altro tipo di peperoncino)

Semi di cumino – ½ cucchiaino

Sale q.b.

Burro chiarificato – 2 cucchiai

Preparazione

Arrostisci il paneer in una padella antiaderente senza grasso finché non è dorato. Ora può essere tagliato a dadini.

In una pentola a pressione o in un wok, metti gli spinaci lavati, le cipolle, l'aglio e i pomodori.

Non c'è bisogno di aggiungere acqua perché gli spinaci ne rilasciano molta.

Chiudi il coperchio, mettila sul fuoco e falla arrivare alla pressione massima (cioè quando la valvola sale emettendo un fischio).

A questo punto togli la pentola dal fuoco, raffreddala sotto l'acqua e rilascia la pressione.

(Se usi un wok o una padella, coprilo con un coperchio. Appena le verdure iniziano a sobbollire, abbassa la fiamma al minimo e fa cuocere gli spinaci per circa 10 minuti nei loro succhi).

Versa tutti gli ingredienti in un frullatore e frullali.

Metti un wok pulito (non lo stesso usato in precedenza, se non l'hai pulito) sul fuoco.

Aggiungi il burro chiarificato.

Quando si è sciolto, aggiungi i semi di cumino.

Quando si sono rosolati, aggiungi il composto di spinaci frullati.

Ora aggiungi il garam masala, il peperoncino in polvere e il sale. Mescola bene.

Aggiungi il paneer arrostito e lascia che il curry arrivi a bollore.

Spegni il gas.

Il palak paneer è pronto.

Accompagnalo con del riso o dei roti.

Preparazione: 5 minuti

Cottura: 20 minuti in pentola a pressione; 30 minuti in pentola.

Totale: 25 minuti in pentola a pressione; 35 minuti in pentola.

Sarson Ka Saag (piatto di foglie di senape)

Ecco un altro classico della cucina settentrionale, ottimo da accompagnare ai makki di roti (pane di farina di mais) o missi roti (pane di farina di ceci). Prova questa ricetta se vuoi dare un po' di sprint agli umili spinaci.

Ingredienti

Foglie di senape (sarson ka saag) – 1 kg

Spinaci – 300 grammi (servono a ridurre l'amaro delle foglie di senape)

Cipolle – 2

Aglio – 4 spicchi

Pomodori – 3

Curcuma – ½ cucchiaino

Peperoncino rosso in polvere – ½ cucchiaino

Semi di cumino – ½ cucchiaino

Olio di senape – 1 cucchiaio

Burro chiarificato – 1 cucchiaio

Sale q.b.

Acqua – ½ tazza

Preparazione

Lava e taglia le foglie di senape, gli spinaci, una cipolla, l'aglio e due pomodori.

Mettili nella pentola a pressione o in un wok con l'acqua.

Accendi il fuoco e porta la pentola alla massima pressione.

(Se non usi la pentola a pressione, fai bollire il tutto con il wok coperto. Quando l'acqua inizia a bollire, abbassa la fiamma al minimo e fai cuocere per circa 5 minuti).

Spegni il gas.

Quando gli ingredienti si sono raffreddati, frullali bene.

Metti un wok pulito (non lo stesso usato in precedenza, se non l'hai pulito) sul fuoco.

Aggiungi l'olio di senape (preferibile per conferire un sapore più autentico) e il burro chiarificato.

Quando sono caldi, aggiungi i semi di cumino.

Appena il cumino inizia a dorare, aggiungi la cipolla tagliata rimasta e fai soffriggere finché non diventa trasparente.

Aggiungi il pomodoro rimanente, il peperoncino e la curcuma.

Fai cuocere bene finché i pomodori non si ammorbidiscono.

Aggiungi gli ingredienti frullati e aggiusta di sale.

Fai arrivare a bollore il composto.

Spegni il gas.

Il sarson Ka Saag è pronto

È davvero ottimo con la maggior parte dei pani indiani, in particolare con i missi roti (roti di farina di ceci).

Preparazione: 10 minuti.

Cottura: 15 minuti in pentola a pressione; 20 minuti in pentola.

Totale: 25 minuti in pentola a pressione; 35 minuti in pentola.

Purè di patate alla maniera dell'India meridionale

Questo piatto è un ottimo accompagnamento a vari piatti a base di riso dell'India meridionale.

Ingredienti

Patate – 500 grammi

Cipolla – 1

Curcuma – ½ cucchiaino

Senape nera – ½ cucchiaino

Foglie di curry

Pasta di tamarindo – 1 cucchiaio (sciolto in ½ tazza d'acqua)

Olio - 1 cucchiaio

Sale q.b.

Peperoncino verde intero - 1

Cocco fresco grattugiato – 3 cucchiai

Preparazione

Pela e lessa le patate, poi schiacciale con una forchetta.

Metti l'olio in un wok e mettilo sul fuoco.

Quando l'olio è caldo, aggiungi i semi di senape, le cipolle e il peperoncino verde intero.

Fai cuocere finché le cipolle diventano trasparenti.

Ora aggiungi la curcuma, le foglie di curry, il cocco grattugiato e il sale.

Fai saltare per 2 minuti.

Aggiungi le patate schiacciate e mescola bene.

Aggiungi la pasta di tamarindo. Il tamarindo conferisce un po' di asprezza alle patate e aiuta ad amalgamare tutti gli ingredienti.

Fai asciugare il composto per un minuto o due. Ora spegni il gas e metti il tutto in una ciotola.

Il purè di patate è pronto.

Preparazione: 5 minuti

Cottura: 5 minuti (se le patate sono già lesse, altrimenti considera il tempo di bollitura).

Totale: 10 minuti

Aloo gobi (patate e cavolfiori)

Questo è un piatto tipico dell'India del nord. Si accompagna bene al poori (pane azzimo). Altrimenti si mangia con il curry o i legumi, assieme al riso o ai roti.

Ingredienti

Patate – 2

Cavolfiore - 1

Cipolla – 1

Aglio – 2 spicchi

Zenzero – un pezzo di 2,5 cm

Curcuma – ½ cucchiaino

Garam masala – ½ cucchiaino

Pomodoro – 1

Sale – circa ½ cucchiaino o q.b.

Olio – 1 cucchiaio

Preparazione

Sbuccia e taglia le patate a cubetti, e pulisci le cimette del cavolfiore.

Cuocili al vapore (anche nel microonde) per 5 minuti.

Nel frattempo, taglia le cipolle, l'aglio, lo zenzero e i pomodori.

Scalda l'olio in un wok, quindi aggiungi la cipolla tagliata, l'aglio e lo zenzero.

Quando iniziano a diventare traslucidi, aggiungi i pomodori e falli cuocere.

Aggiungi le verdure al vapore, e spolverale con curcuma, garam masala e sale.

Cuocili per circa 3 minuti. Un cucchiaio o due d'acqua aiutano ad amalgamare il tutto. Tutto qui.

L'aloo gobi è pronto.

Nota: Se non cuoci prima le verdure al vapore, puoi comunque seguire questo procedimento ma ti servirà il triplo dell'olio e dovrai cuocere le verdure per almeno 15 minuti.

Preparazione: 5 minuti

Cottura: 15 minuti

Totale: 20 minuti

Aloo bharta (purè di patate)

Questo piatto tipico dell'India orientale, o meglio del Bihari, va benissimo con il khichdi. Questa versione è piuttosto dolce, ma se la preferisci più piccante basta aggiungere del peperoncino.

Ingredienti

Patate – 500 grammi

Cipolla – 1

Peperoncino verde senza semi - 1 (lascia i semi se lo vuoi piccante)

Foglie fresche di coriandolo - 50 grammi

Olio di senape – 1 cucchiaio

Sale q.b.

Preparazione

Pela e lessa le patate, poi schiacciale con una forchetta.

Aggiungici il sale e l'olio di senape (ideale per un gusto autentico).

Aggiungi la cipolla tritata finemente, il peperoncino e il coriandolo (crudi).

Mescola bene.

Tutto qui. Il bihari aloo Bharta è pronto.

Preparazione: il tempo necessario a bollire le patate e tagliare la cipolla

Cottura: nessuna

Totale: massimo 15 minuti

Baigun Bhaja (melanzane fritte)

Anche questo è un perfetto contorno al khichdi dell'India orientale.

Ingredienti

Melanzana tonda – 1

Curcuma – 1 cucchiaino

Sale q.b.

Farina di riso – 1 cucchiaio

Olio di senape – 3 cucchiai

Preparazione

Taglia la melanzana a fette.

Cospargile con sale e curcuma su entrambi i lati.

Infarinale con la farina di riso, facendo attenzione a coprire bene tutti i lati.

Scalda l'olio in una padella antiaderente e mettici le fette di melanzana.

Aspetta che si coloriscano da un lato, poi girale e friggile allo stesso modo.

(Se hai bisogno di cuocere parecchie melanzane, conviene friggerle in blocchi).

Toglile dalla padella e mettile a scolare in un piatto con carta assorbente. Questo aiuterà ad assorbire l'olio in eccesso.

Mettile in un piatto da portata: le baigun bhaja sono pronte.

Preparazione: 5 minuti

Cottura: 2 minuti per ogni blocco di melanzane

Totale: 12–15 minuti circa

Kohra (delizia alla zucca)

Questo piatto tipico dell'India orientale è dolce, letteralmente e figurativamente. Provalo con dei poori o delle paratha e sono certo che sarai d'accordo con me che la zucca non potrebbe essere più deliziosa.

Ingredienti

Zucca – 1 chilo

Fieno greco – ½ cucchiaino

Coriandolo in polvere – 2 cucchiaini

Curcuma – 1 cucchiaino

Peperoncino rosso del Kashmir in polvere – ½ cucchiaino

Mango secco in polvere – ½ cucchiaino

Assafetida – 1 cucchiaino

Olio - 2 cucchiai

Acqua – 1 tazza

Zucchero – 3 cucchiaini

Sale – circa 1 cucchiaino o q.b.

Preparazione

Pela la zucca e tagliala a cubetti.

Metti la pentola a pressione o il wok sul fuoco e aggiungi l'olio.

Quando l'olio è caldo, aggiungi il fieno greco, e poi la zucca.

NOTA: IL FIENO GRECO BRUCIA VELOCEMENTE, PERCIÒ NON LASCIARLO NELL'OLIO SENZA LA ZUCCA PER PIÙ DI POCHI SECONDI.

Ora aggiungi gli altri ingredienti e lascia cuocere per circa due minuti, così che tutti gli ingredienti siano ben amalgamati.

Versa l'acqua sulla zucca e chiudi il coperchio.

Fai arrivare la pentola alla pressione massima.

Abbassa la fiamma e lascia cuocere per 5 minuti.

Poi spegni il fuoco e lascia raffreddare.

Ora scoperchiala e rimettila sul fuoco.

Lascia asciugare la zucca, ossia lascia evaporare l'acqua fino a raggiungere una consistenza piuttosto densa.

(Se usi un wok o una padella, versa l'acqua coprilo con un coperchio e abbassa la fiamma al minimo. Lascia cuocere per circa 15 minuti. Poi lascia asciugare la zucca, ossia lascia evaporare l'acqua fino a raggiungere una consistenza piuttosto densa).

Questo delizioso piatto a base di zucca è pronto.

Preparazione: 8 minuti.

Cottura: 15 minuti in pentola a pressione; 30 minuti in pentola.

Totale: 23 minuti in pentola a pressione; 38 minuti in pentola.

Capitolo 8: Pesce e pollame

Chiunque abbia mai interagito con erranti uomini d'affari indiani, che provengono principalmente dagli stati occidentali del Gujarat o del Rajasthan, crede che gli indiani siano principalmente vegetariani. Una volta in India, si è comprensibilmente scioccati nel trovare una fiorente tradizione onnivora.

Alcuni attribuiscono ciò all'influenza di regnanti provenienti dalla Turchia, dalla Persia o dagli stati dell'Asia centrale come l'Uzbekistan. Ciò è palese nella cosiddetta cucina mughlai.

Gran parte della tradizione nell'uso di forni come il tandoor (forno interrato) viene da queste zone. Ma per quanto riguarda la cottura sulla griglia, credo sia antica quanto la scoperta del fuoco.

E che dire dell'uso meridionale, o meglio, costiero del cuocere carne e pesce con cocco, foglie di curry e semi di senape nera? E dell'uso del pachphoran nell'India orientale? Si tratta di qualcosa di originale e senza precedenti? Sì, assolutamente, perché in nessuno stato asiatico, che sia occidentale od orientale, si cucina come in India meridionale, occidentale od orientale.

Ne consegue che solo la cucina dell'India settentrionale sia stata "influenzata." Tuttavia, ho percorso le strade di Samarcanda e Bukhara in cerca di piatti mughlai ed ho fallito. Non sono riuscito a trovare neanche un curry. Non c'era traccia di dal bukhara (o di un qualunque piatto a base di legumi) neppure nei ristoranti più costosi di Bukhara. Sì, avevano il riso pilaf, ma dolce e preparato con olio di cotone. Avevano di sapore così diverso da qualunque pulao o biryani che non so più se la nostra ispirazione viene dall'Asia centrale o se non siamo stati piuttosto noi a insegnarli un trucchetto o due. La carne viene cucinata SENZA spezie. I dolci non contengono latte o derivati. Potrei andare avanti per ore...

Mi sono chiesto se non ci sottovalutiamo troppo e se non siamo troppo generosi nel dare credito a influenze "straniere."

Ma prima di dar vita a una spinosa controversia, è meglio fermarsi e concentrarci sui piatti non vegetariani "casalinghi" di casa mia.

Ti presenterò sei ricette di pollo, quattro di pesce, una di montone e una a base di uova, a coprire le tradizioni culinarie del nord, est e sud dell'India. Padroneggiandole sarai in grado di cucinare qualunque piatto non vegetariano, promesso.

Curry di pollo

Questa semplice ricetta si può facilmente adattare a un'infinità di varianti semplicemente aggiungendo o togliendo qualche ingrediente.

Ingredienti

Pollo – 1 (circa 800 grammi, tagliato in 8 pezzi)

Cipolla – 3

Zenzero – un pezzo di 5 cm

Aglio – 8 spicchi

Pomodori – 3

Coriandolo in polvere – 2 cucchiaini

Curcuma – 1 cucchiaino

Garam masala – 1 cucchiaino

Consiglio: se non trovi del garam masala già pronto, puoi prepararlo tu pestando 1 seme di cardamomo nero, 3 semi di cardamomo verde, 4 chiodi di garofano e 2,5 cm di stecca di cannella

Peperoncino rosso – ¼ di cucchiaino

Semi di cumino – ½ cucchiaino

Ketchup – 2 cucchiai

Olio - 2 cucchiai

Burro chiarificato – 1 cucchiaio

Acqua – 3 tazze

Sale q.b.

Preparazione

Frulla cipolle, aglio, zenzero e pomodoro fino a ottenere un composto liscio. Metti l'olio nella pentola a pressione e portala sul fuoco.

Quando si è scaldato, aggiungi i semi di cumino e lascia che scoppiettino.

Aggiungi immediatamente la cipolla tagliata.

Fai cuocere finché le cipolle diventano traslucide.

Aggiungi l'aglio e lo zenzero a pezzettini e fai rosolare il tutto finché non inizia a profumare.

Aggiungi il pollo e il burro chiarificato.

Mescola bene.

Aggiungi la curcuma, il garam masala, il peperoncino e il coriandolo.

Fai saltare e cuocere il pollo finché non evapora tutta l'acqua e il pollo non si asciuga. Questo fa sparire qualunque sapore selvatico da pollo, cipolle, ecc.

Ora aggiungi i pomodori e il ketchup.

Amalgama bene e aggiungi il sale.

Fai cuocere bene i pomodori.

Ora aggiungi l'acqua e chiudi il coperchio della pentola a pressione.

Chiudi il coperchio, mettila sul fuoco e falla arrivare alla pressione massima (cioè quando la valvola sale emettendo un fischio).

Abbassa la fiamma al minimo e lascia cuocere per altri 5 minuti prima di spegnere il fuoco.

Lascia che la pentola si raffreddi e aprila.

Se non hai la pentola a pressione, usa un wok. Il procedimento è lo stesso, tranne per l'ultima parte, perché il pollo impiegherà circa 25–30 minuti a cuocersi (invece dei 5 nella pentola a pressione).

Il curry di pollo è pronto.

Preparazione: 7 minuti.

Cottura: 10 minuti in pentola a pressione; 30 minuti nel wok.

Totale: 17 minuti in pentola a pressione; 32-37 minuti nel wok.

Curry di pollo con salsa

Ingredienti

Pollo – 1 (circa 800 grammi, tagliato in 8 pezzi)

Cipolla – 3

Zenzero – un pezzo di 5 cm

Aglio – 8 spicchi

Pomodori – 3

Coriandolo in polvere – 2 cucchiaini

Curcuma – 1 cucchiaino

Garam masala – 1 cucchiaino

Consiglio: se non trovi del garam masala già pronto, puoi prepararlo tu pestando 1 seme di cardamomo nero, 3 semi di cardamomo verde, 4 chiodi di garofano e 2,5 cm di stecca di cannella

Peperoncino rosso – ¼ di cucchiaino

Semi di cumino – ½ cucchiaino

Patate - 2

Olio - 3 cucchiai

Burro chiarificato – 1 cucchiaio

Acqua – 3 tazze

Uova - 1

Zucchero – ½ cucchiaino

Sale q.b.

Preparazione

Frulla cipolle, aglio, zenzero e pomodoro fino a ottenere un composto liscio.

Metti l'olio nella pentola a pressione e portala sul fuoco.

Quando si è scaldato, aggiungi i semi di cumino e lascia che scoppiettino.

Aggiungi il composto di cipolle, aglio, zenzero e pomodoro.

Fai soffriggere finché il composto non inizia a emanare un buon aroma e l'olio sale in superficie

Aggiungi il pollo e mescola bene.

Aggiungi la curcuma, il garam masala, il peperoncino e il coriandolo.

Fai cuocere il pollo finché non evapora tutta l'acqua e il pollo non si asciuga.

Aggiungi le patate.

Mescola di nuovo bene e aggiungi sale e zucchero.

Aggiungi l'acqua.

Chiudi il coperchio con la valvola di esercizio (a differenza che con il riso), mettila sul fuoco e falla arrivare alla pressione massima (cioè quando la valvola sale emettendo un fischio).

Abbassa la fiamma al minimo e lascia cuocere per altri 5 minuti prima di spegnere il fuoco.

Lascia che la pentola si raffreddi e aprila.

Rimettila sul fuoco.

Nel frattempo, sbatti l'uovo in una ciotola.

Quando il curry arriva a bollore, aggiungi delicatamente l'uovo mescolando continuamente.

Togli la pentola dal fuoco.

Il curry di pollo in salsa è pronto.

Nota: Se non hai la pentola a pressione, usa un wok. Il procedimento è lo stesso, tranne per l'ultima parte, perché il pollo impiegherà circa 30-35 minuti a cuocersi (invece dei 5 nella pentola a pressione).

Preparazione: 10 minuti.

Cottura: 15 minuti in pentola a pressione; 30-35 minuti in pentola.

Totale: 25 minuti in pentola a pressione; 40-45 minuti in pentola.

Murgh makhani (pollo al burro)

Questa è la versione super veloce (in un lampo!) del popolare murgh makhani (letteralmente pollo al burro), conosciuto in Gran Bretagna come pollo tikka masala. Qui però non usiamo il tandoor, né garam masala, o cipolle. Questo curry rosso brillante diventerà uno dei preferiti tra i piccoli di casa.

Ingredienti

Pollo – 1 (circa 800 grammi, tagliato in 8 pezzi)

Yogurt – 3 cucchiai

Zenzero – un pezzo di 5 cm

Aglio – 6 spicchi

Coriandolo – 1 cucchiaino

Peperoncino rosso – ¼ di cucchiaino

Cumino – ½ cucchiaino

Sale q.b.

Per la salsa:

Pomodori – 3

Passata di pomodoro – 200 grammi

Panna – 200 grammi

Burro chiarificato – 1 cucchiaio

Coriandolo – 1 cucchiaino

Cumino – ½ cucchiaino

Peperoncino rosso – ¼ di cucchiaino

Sale e zucchero q.b.

Anacardi – 50 grammi (Gli anacardi vanno prima rosolati: in una padellina, scalda un cucchiaio di olio. Poi aggiungi gli anacardi e falli rosolare finché non diventano dorati. Toglili subito dal fuoco e tagliali a pezzetti. Ricorda, se li lasci nell'olio troppo a lungo finiranno per bruciare.

Preparazione

Preparare il pollo.

Il primo passo per creare questo delizioso piatto è preparare il pollo.

Metti tutti gli ingredienti (TRANNE QUELLI PER LA SALSA) in una pentola a pressione.

Mescola bene.

Nota: puoi anche marinare il pollo per due ore in frigo con tutti gli ingredienti per renderlo più tenero. Tuttavia in mancanza di tempo puoi cuocerlo al momento.

Chiudi il coperchio della pentola a pressione e mettila sul fuoco.

Falla arrivare alla pressione massima (cioè quando la valvola sale emettendo un fischio).

Abbassa la fiamma al minimo e lascia cuocere per altri 5 minuti prima di spegnere il fuoco.

Lascia che la pentola si raffreddi e aprila.

Nota: Se non hai la pentola a pressione, usa un wok. Il pollo impiegherà più tempo per cuocersi (circa 20-25 minuti)

Preparare la salsa

Nel frattempo, prendi un wok e mettilo sul fuoco.

Aggiungi il burro.

Quando si è sciolto, aggiungi il coriandolo, il cumino e il peperoncino.

Lascia rosolare per circa 1 minuto.

Aggiungi i pomodori e cuocili finché non saranno teneri.

Aggiungi la passata e aggiusta di sale e zucchero.

Continua a mescolare con delicatezza.

Quando la salsa diventa di un bel rosso vivo e diventa più densa, aggiungi la panna.

Mescola bene.

Spegni il gas.

In un contenitore per microonde, mescola il pollo cotto e la salsa.

Ricordati di aggiungere ogni residuo di curry che potrebbe essere rimasto nella pentola a pressione.

Aggiungi gli anacardi.

Passa il tutto per 5 minuti nel microonde, per far amalgamare bene carne e salsa.

Questo delizioso curry di pollo con anacardi è pronto.

Preparazione: 7 minuti.

Cottura: 15 minuti in pentola a pressione; 30-35 minuti in pentola; 5 minuti in microonde come rifinitura

Totale: 27 minuti in pentola a pressione; 42-47 minuti in pentola.

Curry di pollo e cocco

Questa è una ricetta dell'India del sud. Se finora hai gustato solo piatti tipici dell'India del nord, prova questo pollo da leccarsi i baffi grazie a sapori esotici che ti meraviglieranno.

Ingredienti

Pollo – 1 (circa 800 grammi, tagliato in 8 pezzi)

Cipolla – 1

Zenzero – un pezzo di 5 cm

Aglio – 6 spicchi

Pomodori – 2

Coriandolo in polvere – 2 cucchiaini

Curcuma – 1 cucchiaino

Garam masala – 1 cucchiaino

Consiglio: se non trovi del garam masala già pronto, puoi prepararlo tu pestando 1 seme di cardamomo nero, 3 semi di cardamomo verde, 4 chiodi di garofano e 2,5 cm di stecca di cannella

Peperoncino rosso – ¼ di cucchiaino

Semi di senape nera – ½ cucchiaino

Foglie di curry – 10–12

Latte di cocco – 400 ml

Patate - 2

Olio - 3 cucchiai

Sale q.b.

Preparazione

Frulla cipolle, aglio, zenzero e pomodoro fino a ottenere un composto liscio.

Metti l'olio nella pentola a pressione e portala sul fuoco.

Quando si è scaldato, aggiungi i semi di senape nera e lascia che scoppiettino.

Aggiungi il composto di cipolle, aglio, zenzero e pomodoro.

Fai soffriggere finché il composto non inizia a emanare un buon aroma e l'olio sale in superficie.

Aggiungi il pollo e mescola bene.

Aggiungi la curcuma, il garam masala, il peperoncino e il coriandolo.

Fai cuocere il pollo finché non evapora tutta l'acqua e il pollo non si asciuga.

Aggiungi le patate. Mescola bene.

Aggiungi il latte di cocco e il sale.

Chiudi il coperchio con la valvola di esercizio (a differenza che con il riso), mettila sul fuoco e falla arrivare alla pressione massima (cioè quando la valvola sale emettendo un fischio).

Abbassa la fiamma al minimo e lascia cuocere per altri 5 minuti prima di spegnere il fuoco.

Lascia che la pentola si raffreddi e aprila.

Nota: Se non hai la pentola a pressione, usa un wok. Il procedimento è lo stesso, tranne per l'ultima parte, perché il pollo impiegherà circa 30-35 minuti a cuocersi (invece dei 5 nella pentola a pressione).

Il curry di pollo e latte di cocco è pronto.

Preparazione: 10 minuti.

Cottura: 15 minuti in pentola a pressione; 30-35 minuti in pentola.

Totale: 25 minuti in pentola a pressione; 40-45 minuti in pentola.

Keema mattar (curry di macinato e piselli)

Ingredienti

Macinato di pollo o montone – 500 grammi

Piselli verdi (meglio se freschi e con il baccello) – 200 grammi

Cipolle – 2

Aglio – 4 spicchi

Zenzero – un pezzo di 2,5 cm

Pomodoro – 2

Curcuma – ½ cucchiaino

Semi di coriandolo macinati – 2 cucchiaini

Garam masala – ½ cucchiaino

Consiglio: se non trovi del garam masala già pronto, puoi prepararlo tu pestando 1 seme di cardamomo nero, 3 semi di cardamomo verde, 4 chiodi di garofano e 2,5 cm di stecca di cannella

Peperoncino rosso del Kashmir in polvere – ¼ di cucchiaino (per un gusto più piccante, aumentare la dose o aggiungere un altro tipo di peperoncino)

Yogurt – 1 cucchiaio

Semi di cumino – ½ cucchiaino

Sale – circa 1 cucchiaino o q.b.

Ketchup – 1 cucchiaio

Olio – 1 cucchiaio

Burro chiarificato – 1 cucchiaio

Acqua – 1 tazza

Preparazione

Frulla cipolle, aglio, zenzero e pomodori fino a ottenere un composto liscio.

Scalda l'olio nella pentola a pressione o in un wok.

Aggiungi il cumino all'olio e quando si scurisce, aggiungi il composto e lascialo soffriggere.

Quando il composto inizia a emanare un buon profumo, aggiungi il macinato e fai rosolare delicatamente.

Aggiungi il garam masala, il sale e lo yogurt al composto e continua a mescolare a fuoco basso finché non si asciuga.

Aggiungi ketchup e piselli, e mescola ancora.

A questo punto, aggiungi il burro chiarificato per un extra di sapore.

Aggiungi l'acqua, chiudi la pentola a pressione (se è quella che stai usando), e falla arrivare alla pressione massima.

Abbassa la fiamma al minimo e lascia cuocere per 3 minuti, in caso di macinato di pollo. Se è montone, fai cuocere per 5 minuti. Lascia raffreddare la pentola a pressione prima di aprirla.

Se usi un wok, coprilo con un coperchio e cuoci per circa 20 minuti o finché il macinato non è cotto.

Preparazione: 7 minuti.

Cottura: 10 minuti in pentola a pressione; 20 minuti in pentola.

Totale: 17 minuti in pentola a pressione; 27 minuti in pentola.

Kofta curry (curry di polpette)

Il curry di kofta è un'altra variante del famoso curry di pollo. Le kofta sono un tipo di polpette (in questo caso di pollo) fatte con macinato, uova, garam masala, sale e pane raffermo.

Ingredienti

Macinato di pollo – 500 grammi

Cipolla – 2

Zenzero – un pezzo di 5 cm

Aglio – 8 spicchi

Pomodori – 3

Coriandolo in polvere – 2 cucchiaini

Curcuma – 1 cucchiaino

Garam masala – 1 ½ cucchiaino

Consiglio: se non trovi del garam masala già pronto, puoi prepararlo tu pestando 2 seme di cardamomo nero, 4 semi di cardamomo verde, 6 chiodi di garofano e 3,8 cm di stecca di cannella

Peperoncino rosso – ¼ di cucchiaino

Semi di cumino – ½ cucchiaino

Olio - 3 cucchiai

Burro chiarificato – 1 cucchiaio

Acqua – 3 tazze

Pane – 2 fette

Uova - 1

Zucchero – ½ cucchiaino

Sale q.b.

Preparazione

In una ciotola mischia il macinato di pollo, un uovo, ½ cucchiaino di garam masala e il sale.

Aggiungi le fette di pane ammollate e strizzate.

Fai delle polpettine grandi come noci.

Scalda l'olio in una padella e friggi le polpette 2 o 3 alla volta, mettendole poi in un piatto.

Spegni il gas.

Metti l'olio avanzato dalla cottura delle polpette in una pentola a pressione.

Quando si è scaldato, aggiungi i semi di cumino e lascia che scoppiettino.

Aggiungi il composto di cipolle, aglio, zenzero e pomodoro.

Fai soffriggere finché il composto non inizia a emanare un buon aroma e l'olio sale in superficie

Aggiungi la curcuma, il garam masala rimasto, il peperoncino e il coriandolo.

Mescola di nuovo bene e aggiungi sale e zucchero.

Aggiungi l'acqua.

Quando il composto arriva a bollore, aggiungi le polpette.

Chiudi il coperchio con la valvola di esercizio (a differenza che con il riso), mettila sul fuoco e falla arrivare alla pressione massima (cioè quando la valvola sale emettendo un fischio).

Abbassa la fiamma al minimo e lascia cuocere per altri 2 minuti prima di spegnere il fuoco.

Lascia che la pentola si raffreddi e aprila.

Se usi un wok, coprilo con un coperchio e cuoci per circa 20 minuti o finché le polpette non sono cotte.

Preparazione: 10 minuti.

Cottura: 10 minuti in pentola a pressione; 20 minuti in pentola.

Totale: 20 minuti in pentola a pressione; 30 minuti in pentola.

Pollo arrosto "tandoori"

Il pollo arrosto è uno dei preferiti dagli inglesi, e il pollo tandoori è un piatto che si può trovare ovunque in India, dai ristoranti tre stelle Michelin agli autogrill. Questa ricetta prova a combinare la bontà del pollo arrosto con la coloritura del tandoori, senza obbligarti ad acquistarne uno.

Ingredienti

Pollo – 1 (circa 800 grammi, tagliato in 8 pezzi)

Yogurt – 200 grammi

Zenzero – un pezzo di 5 cm

Aglio – 6 spicchi

Ketchup o passata di pomodoro – 2 cucchiai

Garam masala – ½ cucchiaino

Consiglio: se non trovi del garam masala già pronto, puoi prepararlo tu pestando 1 seme di cardamomo nero, 3 semi di cardamomo verde, 4 chiodi di garofano e 2,5 cm di stecca di cannella

Peperoncino rosso del Kashmir in polvere – ¼ di cucchiaino da tè

Sale q.b.

Succo di 1 limone

Burro chiarificato oppure burro od olio – 1 cucchiaio

Preparazione

In una ciotola, mescola tutti gli ingredienti (tagliati a pezzettini se necessario) TRANNE il pollo.

Metti tutti gli ingredienti e il pollo in una pentola a pressione (a differenza del pollo tandoori tradizionale, non c'è bisogno di marinatura).

Chiudi il coperchio, mettila sul fuoco e falla arrivare alla pressione massima (cioè quando la valvola sale emettendo un fischio).

Abbassa la fiamma al minimo e lascia cuocere per altri 5 minuti prima di spegnere il fuoco.

Lascia che la pentola si raffreddi e aprila.

Nota: Se non hai la pentola a pressione, usa un wok. Il procedimento è lo stesso, tranne per l'ultima parte, perché il pollo impiegherà circa 25-30 minuti a cuocersi (invece dei 5 nella pentola a pressione).

Fai sciogliere il burro in una grossa padella antiaderente.

Aggiungi il pollo e tutti i succhi del wok o della pentola a pressione.

Lascia evaporare l'acqua.

Arrostisci il pollo su entrambi i lati.

Il pollo arrosto "tandoori" è pronto.

Preparazione: 10 minuti.

Cottura: 20 minuti in pentola a pressione; 40-45 minuti in pentola.

Totale: 30 minuti in pentola a pressione; 50-55 minuti in pentola.

Curry di uova e patate

Ingredienti

Uova sode – 6

Patate lesse - 2

Cipolla – 1

Zenzero – un pezzo di 2,5 cm

Aglio – 4 spicchi

Pomodori – 3

Garam masala – ½ cucchiaino

Consiglio: se non trovi del garam masala già pronto, puoi prepararlo tu pestando 1 seme di cardamomo nero, 3 semi di cardamomo verde, 4 chiodi di garofano e 2,5 cm di stecca di cannella

Curcuma – ½ cucchiaino

Peperoncino rosso – ¼ di cucchiaino (aumentare la quantità per un sapore più piccante)

Ketchup – 1 cucchiaio

Olio - 2 cucchiai

Acqua – 1 tazza

Sale q.b.

Preparazione

Frulla cipolle, aglio, zenzero e pomodori fino a ottenere un composto liscio.

Metti l'olio in una padella/wok e mettila sul fuoco.

Quando l'olio è caldo, aggiungi le uova sode e falle friggere delicatamente.

Togli le uova e lasciale scolare su un piatto.

Metti nella padella il composto di cipolle, aglio, zenzero e pomodoro, nello stesso olio.

Fai soffriggere finché il composto non inizia a emanare un buon aroma.

Aggiungi il resto degli ingredienti e mescola bene.

Ora aggiungi le uova, le patate e una tazza d'acqua. Aggiusta di sale.

Quando arriva a bollore, spegni il fuoco.

Il curry di uova e patate è pronto.

Preparazione: 10 minuti.

Cottura: 10 minuti

Totale: 20 minuti

Pesce in padella

Questa ricetta per il pesce, tipica dell'India orientale, è la meno speziata di tutte. Potresti aggiungere senape gialla, pasta all'aglio e peperoncino per farla diventare un focoso bihari machheriabhujan. Immergila in una pastella di farina di ceci per ottenere del pesce fritto amritsari o delle pakoda di pesce.

Le varianti sono tante quante le regioni dell'India!

Ingredienti

Filetti di pesce – 500 grammi

Curcuma – 1 cucchiaino

Peperoncino rosso del Kashmir in polvere – ½ cucchiaino

Sale q.b.

Olio di senape (preferibile; altrimenti un qualunque olio) – 3 cucchiai

Preparazione

Spolvera sale, curcuma e peperoncino sul pesce, coprendolo bene.

Nota: se era in frigo, portalo a temperatura ambiente prima.

Scalda l'olio in un wok o in una pentola antiaderente e cuoci il pesce, 2 o 3 filetti alla volta.

Quando il pesce è dorato, spostalo su un piatto e procedi con i successivi filetti.

Assicurati che non bruci.

Il tuo pesce in padella è pronto.

Preparazione: 3 minuti.

Cottura: 2 minuti per ogni filetto

Totale: 10 minuti circa

Machher jhol (pesce in curry leggero)

Ecco una semplice ricetta di curry di pesce che è un pasto quotidiano in molte case del Bengala orientale. Utilizza del garam masala ma non il pachphoran.

Ingredienti

Filetti di pesce – 500 grammi

Pomodori – 2

Cipolla – 1

Aglio – 2 pezzi

Zenzero – un pezzo di 2,5 cm

Sale – circa 1 cucchiaino o q.b.

Zucchero – ¼ di cucchiaino

Coriandolo in polvere – 1 cucchiaino

Garam masala – ½ cucchiaino

Curcuma – 1 ½ cucchiaino

Peperoncino rosso in polvere – ¼ di cucchiaino

Peperoncini verdi interi – 4

Olio di senape (preferibile; altrimenti un olio qualunque) – 3 cucchiai

Semi di cumino – 1 cucchiaino

Acqua – 300 ml

Preparazione

Cospargi il pesce con ½ cucchiaino di sale e un cucchiaino di curcuma su entrambi i lati.

Scalda 2 cucchiai di olio in un wok o in una pentola antiaderente e cuoci il pesce, 2 o 3 filetti alla volta.

Quando il pesce è dorato, spostalo su un piatto e procedi con i successivi filetti.

Assicurati che non bruci.

Metti l'olio avanzato dalla frittura (facendo attenzione che non ci siano residui di pesce) e l'ultimo cucchiaio di olio in un wok.

Quando l'olio è caldo, aggiungi i semi di cumino e falli rosolare.

Assicurati che non bruci.

Frulla cipolle, aglio e zenzero fino a ottenere un composto liscio; aggiungilo al wok e mescola bene.

Aggiungi il peperoncino e la curcuma in polvere, il garam masala, il sale e lo zucchero.

Fai soffriggere finché il composto non inizia a emanare un buon aroma e l'olio sale in superficie.

Aggiungi i pomodori e mescola bene finché non si cuociono.

Aggiungi l'acqua.

Aggiungi il pesce già cotto e i peperoncini interi.

Quando il curry arriva a bollore, abbassa la fiamma al minimo e cuoci per altri 2 minuti.

Il machher jhol è pronto.

Preparazione: 5 minuti

Cottura: 10 minuti

Totale: 15 minuti

Tamater sarson machhali (pesce in salsa di pomodoro e senape)

Questa è un'altra ricetta molto popolare nel Bengala Occidentale, e usa il pachphoran.

Ingredienti

Filetti di pesce – 500 grammi

Pomodori – 3

Cipolla – 1

Aglio – 4 spicchi

Senape – 4 cucchiai (è consigliata la senape kasundi, altrimenti qualunque marca va bene)

Sale – circa 1 cucchiaino o q.b.

Zucchero – ¼ di cucchiaino

Peperoncini verdi interi – 4

Olio di senape – 3 cucchiai

Curcuma – 1 cucchiaino

Pachphoran – 1 cucchiaino

Acqua – 300 ml

Preparazione

Cospargi il pesce con ½ cucchiaino di sale e un cucchiaino di curcuma su entrambi i lati.

Scalda 2 cucchiai di olio in un wok o in una pentola antiaderente e cuoci il pesce, 2 o 3 filetti alla volta. Quando il pesce è dorato, spostalo su un piatto e procedi con i successivi filetti.

Assicurati che non bruci.

Metti l'olio avanzato dalla frittura (facendo attenzione che non ci siano residui di pesce) e l'ultimo cucchiaio di olio in un wok.

Quando l'olio è caldo, aggiungi il pachphoran e fallo rosolare per qualche secondo. Assicurati che non bruci.

Frulla cipolle, aglio e zenzero fino a ottenere un composto liscio; aggiungilo al wok e mescola bene.

Aggiusta di sale e zucchero.

Fai soffriggere finché il composto non inizia a emanare un buon aroma e l'olio sale in superficie.

Aggiungi la senape e mescola bene.

Aggiungi l'acqua.

Aggiungi il pesce già cotto e i peperoncini interi.

Quando il curry arriva a bollore, abbassa la fiamma al minimo e cuoci per altri 2 minuti.

Tutto qui. Il pesce tamater sarson è pronto.

Preparazione: 5 minuti

Cottura: 10 minuti

Totale: 15 minuti

Dahi sarson machhali (pesce con salsa di yogurt e senape)

Il mio tributo a un'altra ricetta senza tempo del Bengala occidentale. Questo piatto non prevede né garam masala né pachphoran.

Ingredienti

Filetti di pesce – 500 grammi

Yogurt – 400 grammi

Senape – 4 cucchiai (è consigliata la senape kasundi, altrimenti qualunque marca va bene)

Latte – ½ tazza

Sale – circa 1 ½ cucchiaino o q.b.

Zucchero – 1 cucchiaino

Peperoncini verdi interi – 4

Olio di senape – 3 cucchiai

Curcuma – 1 cucchiaino

Preparazione

Cospargi il pesce con ½ cucchiaino di sale e un cucchiaino di curcuma su entrambi i lati.

Scalda 2 cucchiai di olio in un wok o in una pentola antiaderente e cuoci il pesce, 2 o 3 filetti alla volta.

Quando il pesce è dorato, spostalo su un piatto e procedi con i successivi filetti. Assicurati che non bruci.

L'olio che avanza si può filtrare e conservare in frigo per cuocere altro pesce nel giro di una settimana. Non si può usare per altro a causa dell'odore.

In un wok, mescola yogurt, senape, latte, sale e zucchero.

Aggiungi il rimanente olio di senape.

Aggiungi il pesce già cotto e i peperoncini interi.

Quando il curry arriva a bollore, abbassa la fiamma al minimo e cuoci per altri 2 minuti.

Tutto qui. Il pesce dahi sarson è pronto.

Preparazione: 5 minuti

Cottura: 10 minuti

Totale: 15 minuti

Pesce alla moda del Kerala

Questo è il mio tributo alla gloriosa tradizione ittica del Kerala, lo stato più meridionale dell'India.

Ingredienti

Pesce – 500 grammi

Cipolla – 1

Zenzero – un pezzo di 2,5 cm

Latte di cocco – 200 ml

Polvere di cocco – 2 cucchiai

Succo di un limone

Semi di senape – ½ cucchiaino

Foglie di curry

Sale q.b.

Olio – 2 cucchiai (consigliato l'olio di arachidi, sesamo o cocco)

Preparazione

Spolvera il pesce con il sale.

Scalda l'olio in un wok e cuoci il pesce, 2-3 pezzi alla volta.

Dovrebbe solo dorarsi leggermente.

Dopo aver tolto il pesce e messo a sgocciolare su un piatto, metti i semi di senape nel wok, senza cambiare l'olio.

Frulla cipolle, aglio e zenzero fino a ottenere un composto liscio; quando i semi di senape iniziano a scoppiettare, aggiungilo al wok e mescola bene.

Fai saltare per qualche minuto e aggiungi le foglie di curry.

Aggiungi il latte di cocco e la polvere di cocco (sciolto precedentemente in acqua).

Aggiungi il pesce e il sale.

Fai arrivare a bollore il composto.

Abbassa la fiamma e cuoci per 2 minuti.

Spegni il gas.

Aggiungi il succo di limone, e il pesce è pronto.

Questo piatto si accompagna bene al riso bianco.

Preparazione: 5 minuti

Cottura: 10 minuti

Totale: 15 minuti

Capitolo 9: Snack e contorni

È tempo di occuparci dei contorni.

In India contorno non significa riso o mais bollito, perché come già detto riso o roti occupano già un posto rilevante nel pasto.

D'altra parte, senza contorni come chutney, raita (salse a base di yogurt), papadam, sottaceti il pasto è considerato incompleto. Puoi assaggiare uno di questi tra un piatto principale e l'altro per risvegliare le papille gustative e pulirti il palato, per così dire.

Poi ci sono snack come le pakora (verdure in pastella) o chiura/poha (fiocchi di riso) che vengono offerti agli ospiti nell'India del Nord. Nelle dhaba si possono anche vedere aloo tikki o paneer tikki (crocchette di patate o paneer) sfrigolare in grosse padelle.

Se brami questi spuntini, salse o contorni peccaminosi, continua a leggere per alcune ricette di una facilità disarmante.

Ti presento 17 gemme: 7 tipi di pakora, 1 poha/chiura, 2 tikki, 3 chutney, e 4 tipi di raita.

Pakora (verdure in pastella)

La maggior parte delle pakora sembrano simili (come ravioli fritti), indipendentemente se sono di cipolle, spinaci, cavolfiore, patate o zucca

Sono uno spuntino molto popolare, da assaporare con una bella tazza di tè caldo, specialmente nei giorni piovosi. Si possono usare tutti i tipi di verdure. Te ne presento 7 tra i più popolari.

Pakora di cipolle

Ingredienti

Farina di ceci – 1 tazza

Farina di riso – ½ tazza

Lievito in polvere – ½ cucchiaino

Assafetida – ½ di cucchiaino

Coriandolo – 1 cucchiaino

Semi di cumino – ½ cucchiaino

Curcuma – ½ cucchiaino

Peperoncino rosso in polvere – ½ cucchiaino

Sale – ½ cucchiaino

Acqua – 1 tazza

Cipolle – 4

Olio per friggere

Preparazione

Mescola bene tutti gli ingredienti tranne le cipolle.

Aggiungi l'acqua e sbatti per ottenere una pastella liscia e leggera.

Dovrebbe avere una consistenza piuttosto sottile. Lascia riposare per almeno 15 minuti. Questo aiuta la farina ad assorbire l'acqua e a raggiungere una consistenza più spessa.

Se diventa troppo spessa, puoi aggiungere un po' d'acqua e sbattere bene.

Aggiungi le cipolle a fettine alla pastella.

Scalda l'olio in padella o nel wok.

Prendi il composto con le cipolle un cucchiaio alla volta e lasciale cadere nell'olio.

Fai attenzione agli schizzi.

Noterai che le pakora tendono a crescere.

Girale e toglile dall'olio quando sono ben dorate.

Poggiale su un piatto con carta assorbente per assorbire l'olio in eccesso.

Ripeti il procedimento con tutte le altre pakora.

Sono ottime con i chutney, specialmente con quello alla menta.

Preparazione: 20 minuti.

Cottura: 3 minuti per ogni porzione

Totale: 30 minuti circa

Paneer pakora (paneer in pastella)

Ingredienti

Farina di ceci – 1 tazza

Farina di riso – ½ tazza

Lievito in polvere – ½ cucchiaino

Assafetida – ½ di cucchiaino

Coriandolo – 1 cucchiaino

Semi di cumino – ½ cucchiaino

Curcuma – ½ cucchiaino

Peperoncino rosso in polvere – ½ cucchiaino

Sale – ½ cucchiaino

Acqua – 1 tazza

Paneer – 300 grammi

Olio per friggere

Preparazione

Mescola bene tutti gli ingredienti tranne il paneer.

Aggiungi l'acqua e sbatti per ottenere una pastella liscia e leggera.

Dovrebbe avere una consistenza piuttosto sottile. Lascia riposare per almeno 15 minuti. Questo aiuta la farina ad assorbire l'acqua e a raggiungere una consistenza più spessa.

Se diventa troppo spessa, puoi aggiungere un po' d'acqua e sbattere bene.

Taglia il paneer a cubetti o fettine e immergilo nella pastella.

Scalda l'olio in padella o nel wok.

Prendi il composto con il paneer un cucchiaio alla volta e lascialo cadere nell'olio.

Fai attenzione agli schizzi.

Noterai che le pakora tendono a crescere.

Girale e toglile dall'olio quando sono ben dorate.

Poggiale su un piatto con carta assorbente per assorbire l'olio in eccesso.

Ripeti il procedimento con tutte le altre pakora.

Sono ottime con i chutney.

Preparazione: 20 minuti.

Cottura: 3 minuti per ogni porzione

Totale: 30 minuti circa

Palak pakora (frittelle di spinaci)

Ingredienti

Farina di ceci – 1 tazza

Farina di riso – ½ tazza

Lievito in polvere – ½ cucchiaino

Assafetida – ½ cucchiaino

Coriandolo – 1 cucchiaino

Semi di cumino – ½ cucchiaino

Curcuma – ½ cucchiaino

Peperoncino rosso in polvere – ½ cucchiaino

Sale – ½ cucchiaino

Acqua – 1 tazza

Foglie di spinaci – 300 grammi

Olio per friggere

Preparazione

Mescola bene tutti gli ingredienti tranne gli spinaci.

Aggiungi l'acqua e sbatti per ottenere una pastella liscia e leggera.

Dovrebbe avere una consistenza piuttosto sottile. Lascia riposare per almeno 15 minuti. Questo aiuta la farina ad assorbire l'acqua e a raggiungere una consistenza più spessa.

Se diventa troppo spessa, puoi aggiungere un po' d'acqua e sbattere bene.

Aggiungi gli spinaci alla pastella.

Scalda l'olio in padella o nel wok. Prendi il composto con gli spinaci un cucchiaio alla volta e lascialo cadere nell'olio.

Fai attenzione agli schizzi.

Noterai che le pakora tendono a crescere.

Girale e toglile dall'olio quando sono ben dorate.

Poggiale su un piatto con carta assorbente per assorbire l'olio in eccesso.

Ripeti il procedimento con tutte le altre pakora.

Sono ottime con i chutney.

Preparazione: 20 minuti.

Cottura: 3 minuti per ogni porzione

Totale: 30 minuti circa

Gobi pakora (cavolfiore in pastella)

Ingredienti

Farina di ceci – 1 tazza

Farina di riso – ½ tazza

Lievito in polvere – ½ cucchiaino

Assafetida – ½ di cucchiaino

Coriandolo – 1 cucchiaino

Semi di cumino – ½ cucchiaino

Curcuma – ½ cucchiaino

Peperoncino rosso in polvere – ½ cucchiaino

Sale – ½ cucchiaino

Acqua – 1 tazza

Cavolfiore – 1

Olio per friggere

Preparazione

Mescola bene tutti gli ingredienti tranne il cavolfiore.

Aggiungi l'acqua e sbatti per ottenere una pastella liscia e leggera.

Dovrebbe avere una consistenza piuttosto sottile. Lascia riposare per almeno 15 minuti. Questo aiuta la farina ad assorbire l'acqua e a raggiungere una consistenza più spessa.

Se diventa troppo spessa, puoi aggiungere un po' d'acqua e sbattere bene.

Pulisci il cavolfiore tagliando le cimette singolarmente e aggiungile alla pastella.

Scalda l'olio in padella o nel wok.

Prendi il composto con il cavolfiore un pezzo alla volta e lascialo cadere nell'olio.

Fai attenzione agli schizzi.

Noterai che le pakora tendono a crescere.

Girale e toglile dall'olio quando sono ben dorate.

Poggiale su un piatto con carta assorbente per assorbire l'olio in eccesso.

Ripeti il procedimento con tutte le altre pakora.

Sono ottime con i chutney.

Preparazione: 20 minuti.

Cottura: 3 minuti per ogni porzione

Totale: 30 minuti circa

Baingan pakora (melanzane in pastella)

Ingredienti

Farina di ceci – 1 tazza

Farina di riso – ½ tazza

Lievito in polvere – ½ cucchiaino

Assafetida – ½ di cucchiaino

Coriandolo – 1 cucchiaino

Semi di cumino – ½ cucchiaino

Curcuma – ½ cucchiaino

Peperoncino rosso in polvere – ½ cucchiaino

Sale – ½ cucchiaino

Acqua – 1 tazza

Melanzane tonde – 2

Olio per friggere

Preparazione

Mescola bene tutti gli ingredienti tranne le melanzane.

Aggiungi l'acqua e sbatti per ottenere una pastella liscia e leggera.

Dovrebbe avere una consistenza piuttosto sottile. Lascia riposare per almeno 15 minuti. Questo aiuta la farina ad assorbire l'acqua e a raggiungere una consistenza più spessa.

Se diventa troppo spessa, puoi aggiungere un po' d'acqua e sbattere bene.

Aggiungi le melanzane tagliate a fette sottili alla pastella.

Scalda l'olio in padella o nel wok.

Prendi il composto con le melanzane un pezzo alla volta e lascialo cadere nell'olio.

Fai attenzione agli schizzi.

Noterai che le pakora tendono a crescere.

Girale e toglile dall'olio quando sono ben dorate.

Poggiale su un piatto con carta assorbente per assorbire l'olio in eccesso.

Ripeti il procedimento con tutte le altre pakora.

Sono ottime con i chutney.

Preparazione: 20 minuti.

Cottura: 3 minuti per ogni porzione

Totale: 30 minuti circa

Aloo pakora (patate in pastella)

Ingredienti

Farina di ceci – 1 tazza

Farina di riso – ½ tazza

Lievito in polvere – ½ cucchiaino

Assafetida – ½ di cucchiaino

Coriandolo – 1 cucchiaino

Semi di cumino – ½ cucchiaino

Curcuma – ½ cucchiaino

Peperoncino rosso in polvere – ½ cucchiaino

Sale – ½ cucchiaino

Acqua – 1 tazza

Patate – 4

Olio per friggere

Preparazione

Mescola bene tutti gli ingredienti tranne le patate.

Aggiungi l'acqua e sbatti per ottenere una pastella liscia e leggera.

Dovrebbe avere una consistenza piuttosto sottile. Lascia riposare per almeno 15 minuti. Questo aiuta la farina ad assorbire l'acqua e a raggiungere una consistenza più spessa.

Se diventa troppo spessa, puoi aggiungere un po' d'acqua e sbattere bene.

Aggiungi le patate tagliate a fettine alla pastella.

Scalda l'olio in padella o nel wok.

Prendi il composto con le patate un pezzo alla volta e lascialo cadere nell'olio.

Fai attenzione agli schizzi.

Noterai che le pakora tendono a crescere.

Girale e toglile dall'olio quando sono ben dorate.

Poggiale su un piatto con carta assorbente per assorbire l'olio in eccesso.

Ripeti il procedimento con tutte le altre pakora.

Sono ottime con i chutney.

Preparazione: 20 minuti.

Cottura: 3 minuti per ogni porzione

Totale: 30 minuti circa

Lauki pakora (zucca a fiasco in pastella)

Ingredienti

Farina di ceci – 1 tazza

Farina di riso – ½ tazza

Lievito in polvere – ½ cucchiaino

Assafetida – ½ di cucchiaino

Coriandolo – 1 cucchiaino

Semi di cumino – ½ cucchiaino

Curcuma – ½ cucchiaino

Peperoncino rosso in polvere – ½ cucchiaino

Sale – ½ cucchiaino

Acqua – 1 tazza

Zucca a fiasco – 1

Olio per friggere

Preparazione

Mescola bene tutti gli ingredienti tranne la zucca.

Aggiungi l'acqua e sbatti per ottenere una pastella liscia e leggera.

Dovrebbe avere una consistenza piuttosto sottile. Lascia riposare per almeno 15 minuti. Questo aiuta la farina ad assorbire l'acqua e a raggiungere una consistenza più spessa.

Se diventa troppo spessa, puoi aggiungere un po' d'acqua e sbattere bene.

Aggiungi la zucca tagliata a fettine alla pastella.

Scalda l'olio in padella o nel wok.

Prendi il composto con la zucca un pezzo alla volta e lascialo cadere nell'olio.

Fai attenzione agli schizzi.

Noterai che le pakora tendono a crescere.

Girale e toglile dall'olio quando sono ben dorate.

Poggiale su un piatto con carta assorbente per assorbire l'olio in eccesso.

Ripeti il procedimento con tutte le altre pakora.

Sono ottime con i chutney.

Preparazione: 20 minuti.

Cottura: 3 minuti per ogni porzione

Totale: 30 minuti circa

Chiura o poha fritti (fiocchi di riso)

Questo è uno spuntino tipico degli stati del Maharashtra e del Bihar.

Ingredienti

Fiocchi di riso – 1 tazza

Arachidi sgusciate – ½ tazza

Sale e pepe q.b.

Olio – ½ tazza

Preparazione

Scalda l'olio in un wok o in una padella e friggi le arachidi finché non sono ben dorate. Attenzione a non farle abbrustolire troppo o saranno amare.

Ricordati che continuano a cuocere grazie al loro calore anche una volta tolte dal fuoco.

Nello stesso olio, friggi i fiocchi di riso un cucchiaio alla volta. Appena si gonfiano, toglili dal fuoco e lasciali scolare su un piatto coperto di carta assorbente.

Ripeti il procedimento finché non sono fritti tutti i fiocchi di riso.

In una ciotola, mischia le arachidi e fiocchi di riso. Aggiusta di sale e pepe finché sono ancora caldi, in modo che il sale si attacchi bene.

Lascia raffreddare. Si conservano per una settimana in contenitori ermetici, come snack salato.

Oltre alle arachidi si possono aggiungere anacardio mandorle seguendo lo stesso procedimento.

Oppure si possono aggiungere piselli freschi, saltati con burro e semi di cumino. In questo caso però non si conservano bene e vanno mangiati freschi.

Preparazione: 2 minuti.

Cottura: 2 minuti

Totale: 4 minuti

Aloo tikki (crocchette di patate)

Ingredienti

Patate lesse – 500 grammi

Fette di pane – 2

Cipolla – 1

Peperoncini verdi – 2 (tagliati e senza semi)

Semi di cumino – ½ cucchiaino

Foglie fresche di coriandolo – una manciata

Succo di limone – 1 cucchiaio

Sale q.b.

Olio – 2 cucchiai

Preparazione

Schiaccia bene le patate lesse.

Ammolla in acqua le fette di pane. Strizzale bene per togliere l'acqua e poi aggiungile alle patate lesse.

Aggiungi tutti gli altri ingredienti e mescola bene.

Con il composto forma delle crocchette piatte.

Scalda l'olio in una padella antiaderente e metti le crocchette a cuocere.

Falle dorare su entrambi i lati e lasciale sgocciolare su un piatto con carta assorbente.

Ripeti il procedimento con tutte le crocchette.

Servile calde con dei chutney.

Preparazione: 5 minuti

Cottura: 3 minuti per ogni tikki

Totale: 8 minuti

Paneer tikki (crocchette di paneer)

Ingredienti

Paneer – 500 grammi

Fette di pane – 2

Cipolla – 1

Peperoncini verdi – 2 (tagliati e senza semi)

Semi di cumino – ½ cucchiaino

Foglie fresche di coriandolo – una manciata

Zucchero – ½ cucchiaino

Garam masala – ½ cucchiaino

Sale q.b.

Olio – 2 cucchiai

Preparazione

Schiaccia bene il paneer.

Ammolla in acqua le fette di pane. Strizzale bene per togliere l'acqua e poi aggiungile al paneer.

Aggiungi tutti gli altri ingredienti e mescola bene.

Con il composto forma delle crocchette piatte.

Scalda l'olio in una padella antiaderente e metti le crocchette a cuocere.

Falle dorare su entrambi i lati e lasciale sgocciolare su un piatto con carta assorbente.

Ripeti il procedimento con tutte le crocchette.

Servile calde con dei chutney.

Preparazione: 5 minuti

Cottura: 3 minuti per ogni tikki

Totale: 8 minuti

Chutney

Queste salse, che vi faranno venire l'acquolina in bocca, si possono preparare fresche in piccole quantità senza bisogno di conservanti di cui sono piene le sale industriali. Si accompagnano benissimo a pakora e tikki.

Potete comunque conservarle in frigorifero per una settimana.

Chutney di pomodoro

Ingredienti

Pomodori – 5

Datteri snocciolati – 50 grammi

Zucchero – 1 tazza

Sale – ½ cucchiaino

Semi di cumino – ½ cucchiaino

Semi di finocchio – ½ cucchiaino

Olio di senape – 1 cucchiaio

Peperoncino rosso secco intero – 1

Preparazione

Scalda l'olio in un wok e aggiungi i semi di finocchio, di cumino e il peperoncino.

Appena iniziano a scoppiettare (nel giro di qualche secondo), aggiungi i pomodori. Assicurati che non brucino altrimenti il chutney avrà un sapore terribile!!!

Fai rosolare bene i pomodori, poi aggiungi lo zucchero e il sale.

Quando i pomodori sono quasi cotti, aggiungi i datteri e cuoci per qualche altro minuto.

Se il composto è troppo spesso, puoi aggiungere un po' d'acqua ma questo non è necessario.

Il chutney di pomodori e datteri è pronto.

Provalo con pakora, tikki o anche durante un pasto completo, come faccio io.

Preparazione: 5 minuti

Cottura: 10 minuti

Totale: 15 minuti

Dhania pudina chutney (chutney di menta e coriandolo) – versione dolce

Questa è la salsa più veloce del mondo perché si prepara senza cuocere niente. Tutte le vitamine e gli anti-ossidanti presenti naturalmente negli ingredienti sono quindi preservati, il che la rende anche un chutney molto salutare.

Ingredienti

Foglie di menta – 100 grammi

Foglie di coriandolo – 100 grammi

Peperoncino verde intero senza semi – 1

Pasta di tamarindo – 50 grammi

Zucchero – 3 cucchiai

Sale – ½ cucchiaino

Semi di cumino – ½ cucchiaino

Preparazione

Frulla tutti gli ingredienti con un frullatore.

Trasferisci il composto in una ciotola e assaggialo per vedere se è giusto di sale e zucchero.

Tutto qui.

Il dhania pudina chutney è pronto per essere gustato con qualunque stuzzichino o portata principale.

Preparazione: 5 minuti

Cottura: nessuna

Totale: 5 minuti

Dhania pudina chutney (chutney di menta e coriandolo) – versione salata

Ingredienti

Foglie di menta – 100 grammi

Foglie di coriandolo – 100 grammi

Peperoncino verde intero senza semi – 1

Succo di limone – 2 cucchiai

Sale – ½ cucchiaino

Preparazione

Frulla tutti gli ingredienti con un frullatore.

Trasferisci il composto in una ciotola e assaggialo per vedere se è giusto di sale.

Tutto qui.

Il dhania pudina chutney è pronto per essere gustato con qualunque stuzzichino o portata principale.

Preparazione: 5 minuti

Cottura: nessuna

Totale: 5 minuti

Raita

Le raita sono salse a base di yogurt che vengono serviti con il pasto principale nell'India settentrionale. Un cucchiaio tra una portata e l'altra ti aiuta a pulire il palato.

Anche qui, non devi cuocere niente!

Raita di mele

La maggior parte delle raita sembrano simili, indipendentemente se sono di mele, cetrioli o ananas. La raita di menta e coriandolo ha un leggerissimo colore verde

Ingredienti

Yogurt – 400 grammi

Cocco – 1

Chaat masala – ½ cucchiaino

Sale nero – ¼ di cucchiaino

Semi di cumino (già arrostiti e macinati) – 1 cucchiaino

Sale – 1 cucchiaino

Zucchero – 4 cucchiaini

Preparazione

In una ciotola, sbatti bene lo yogurt con tutti gli ingredienti TRANNE LA MELA. Grattugia la mela e aggiungila al composto, mescolando bene. Tutto qui.

La raita di mele è pronta.

Preparazione: 5 minuti

Cottura: nessuna

Totale: 5 minuti

Raita di cetrioli

Ingredienti

Yogurt – 400 grammi

Cetriolo – 1

Semi di cumino (già arrostiti e macinati) – 1 cucchiaino

Sale – 1 cucchiaino

Zucchero – 2 cucchiaini

Preparazione

In una ciotola, sbatti bene lo yogurt con tutti gli ingredienti TRANNE L'ANANAS.

Taglia il cetriolo a dadini e aggiungilo al composto.

Tutto qui.

La raita di cetrioli è pronta.

Preparazione: 5 minuti

Cottura: nessuna

Totale: 5 minuti

Raita di ananas

Ingredienti

Yogurt – 400 grammi

Ananas – 4 fette

Semi di cumino (già arrostiti e macinati) – 1 cucchiaino

Sale – 1 cucchiaino

Zucchero – 4 cucchiaini

Preparazione

In una ciotola, sbatti bene lo yogurt con tutti gli ingredienti TRANNE L'ANANAS.

Taglia l'ananas a dadini e aggiungilo al composto.

Tutto qui.

La raita di ananas è pronta.

Preparazione: 5 minuti

Cottura: nessuna

Totale: 5 minuti

Raita di menta e coriandolo

Ingredienti

Yogurt – 400 grammi

Foglie fresche di menta – 20 grammi

Foglie fresche di coriandolo – 20 grammi

Chaat masala – ½ cucchiaino

Sale nero – ¼ di cucchiaino

Semi di cumino (già arrostiti e macinati) – 1 cucchiaino

Sale – 1 cucchiaino

Zucchero – 4 cucchiaini

Preparazione

In una ciotola, sbatti bene lo yogurt con tutti gli ingredienti TRANNE LE FOGLIE DI MENTA E CORIANDOLO. Sminuzza finemente le foglie e aggiungile al composto.

Tutto qui. La raita di menta e coriandolo è pronta.

Preparazione: 5 minuti

Cottura: nessuna

Totale: 5 minuti

Capitolo 10: Dolci

Si dice che gli indiani abbiano il gusto per il dolce. Gli scrittori greci al tempo di Alessandro il Grande si meravigliavano di come delle comuni "canne" potessero contenere una sostanza più dolce del miele.

È quindi confermato che lo zucchero di canna è un dono dell'India al mondo. Anche i segreti della coltivazione e produzione dello zucchero sono stati diffusi (perlopiù con la forza!) in tutte le parti del mondo, dalle Mauritius ai Caraibi, da indiani.

È quindi naturale aspettarsi che in tutte le tradizioni dell'India ci sia una grossa tradizione dolciaria. I dolci si offrono agli dei e si scambiano con gli amici in tutte le occasioni di festa. A qualunque buona notizia, anche negli uffici, segue uno scambio di dolci, per l'incredulità e la felicità di chi non è di casa.

La maggior parte di questi dolci, come ovunque nel mondo, viene preparato da Halwai (pasticcieri) in laboratori specifici. Quindi una tradizione "casalinga" di dolci potrebbe legittimamente rendere perplesso qualcuno.

Perché, come altrove, l'arte di preparare dolci in casa non è ancora svanita in India? Ho chiesto in giro e ho appreso che il primo motivo è la sfiducia delle generazioni più anziane di qualunque cosa sia commerciale. Se si vuole essere sicuri che gli ingredienti adoperati siano non adulterati, specialmente se si preparano dolci per qualche festa, si devono preparare da sé.

Il secondo e più pratico motivo è che è l'unico modo per regolare la quantità di zucchero, o di usarne sostituti.

E infine, si preparano ancora dolci nelle famiglie indiane perché si possono preparare in un lampo, senza scaldare forni e aspettare ore che si cuociano.

Tenendo tutto questo a mente ti presento 12 ricette da acquolina in bocca, che includono 3 halwa, 4 kheer, 2 budini e 3 dolcetti.

E che ci credi o no, vengono tutti preparati regolarmente ogni giorno a casa mia.

Besan Halwa (dolce di farina di ceci)

Questo dolce è gradito agli dei, letteralmente, e quindi si offre piuttosto spesso nei templi.

Ingredienti

Farina di ceci – 1 tazza

Zucchero – ½ tazza

Burro chiarificato – ¼ di tazza

Latte – 1 tazza

Zafferano – alcuni stilli, dissolti nel latte

Cardamomo verde – 2

Anacardi – 25 grammi

Uvetta – 25 grammi

Preparazione

Metti il burro chiarificato in un wok e portalo sul fuoco.

Appena il burro chiarificato si scalda, aggiungi la farina di ceci e gli anacardi, e fai saltare finché non sono leggermente dorati e mandano un buon odore.

Assicurati che la farina non bruci.

Aggiungi lo zucchero, il latte con lo zafferano, il cardamomo macinato e l'uvetta.

Cuci finché l'halwa non si asciuga.

Tutto qui.

Il besan halwa è pronto.

Preparazione: 5 minuti

Cottura: 7 minuti

Totale: 12 minuti

Suji halwa (dolce di semolino)

Questo non si offre agli déi ma è comunque divino.

Ingredienti

Semolino – 1 tazza

Zucchero – ½ tazza

Burro chiarificato – ¼ di tazza

Latte – 1 tazza

Zafferano – alcuni stilli, dissolti nel latte

Cardamomo verde – 2

Preparazione

Metti il burro chiarificato in un wok e portalo sul fuoco.

Appena il burro chiarificato si scioglie, aggiungi il semolino, e fai saltare finché non è leggermente dorato e manda un buon odore.

Assicurati che non bruci.

Aggiungi lo zucchero, il latte con lo zafferano e il cardamomo macinato.

Cuci finché l'halwa non si asciuga.

Tutto qui.

Il suji ka halwa è pronto.

Preparazione: 5 minuti

Cottura: 7 minuti

Totale: 12 minuti

Aatey ka halwa (dolce di farina integrale)

Ingredienti

Farina integrale – 1 tazza

Zucchero – ½ tazza

Burro chiarificato – ¼ di tazza

Latte – 1 tazza

Zafferano – alcuni stilli, dissolti nel latte

Cardamomo verde – 2

Uvetta – 1 cucchiaio

Anacardi – 2 cucchiai

Preparazione

Metti il burro chiarificato in un wok e portalo sul fuoco.

Quando l'olio è caldo, aggiungi la farina integrale e gli anacardi.

Fai saltare finché non sono leggermente dorati e mandano un buon odore.

Assicurati che la farina non bruci.

Aggiungi lo zucchero, l'uvetta, il latte con lo zafferano e il cardamomo macinato.

Cuci finché l'halwa non si asciuga.

Tutto qui. L'atta ka halwa è pronto.

Preparazione: 5 minuti

Cottura: 7 minuti

Totale: 12 minuti

Chawal ka kheer (budino di riso)

Anche questo è un dolce tipico dell'India del nord molto gradito agli déi. Quindi non sorprenderti se ti servono questo kheer con dei poori fuori dai tempi hindu, anche fuori dall'India.

Ingredienti

Latte intero – 1 litro

Riso – 2 cucchiai

Zucchero q.b. (inizia con 3 cucchiai)

Latte in polvere – 2 cucchiai

Cardamomo verde – 2

Zafferano – alcuni stilli (facoltativi)

Preparazione

Porta il latte a bollore in un wok profondo.

Aggiungi il riso dopo averlo ben lavato.

Fai cuocere a fuoco basso, continuando a mescolare per assicurarti che NON BRUCI NULLA.

Quando il composto inizia ad addensarsi, aggiungi il latte in polvere, lo zucchero, il cardamomo macinato e lo zafferano.

Mescola bene e continua a mescolare per 5 minuti circa.

Spegni il gas.

Tutto qui. Il delizioso kheer è pronto.

A molti piace mangiarlo caldo. Oppure puoi lasciarlo raffreddare e metterlo in frigo per gustarlo freddo.

Preparazione: 1 minuto.

Cottura: 20 minuti

Totale: 21 minuti

Natun gud ka kheer (budino di riso con jaggery di palma)

Questo è un dolce spettacolare dell'India orientale, dal sapore così delicato che ti farà innamorare all'istante.

Ingredienti

Latte intero – 1 litro

Riso – 2 cucchiai

Jaggery di palma – 3 cucchiai

Latte in polvere – 2 cucchiai

Preparazione

Porta il latte a bollore in un wok profondo.

Aggiungi il riso dopo averlo ben lavato.

Fai cuocere a fuoco basso, continuando a mescolare per assicurarti che NON BRUCI NULLA.

Quando il composto inizia ad addensarsi, aggiungi il latte in polvere.

Mescola bene e continua a mescolare per 5 minuti circa.

Spegni il fuoco e aggiungi lo jaggery di palma macinato.

Mescola bene.

NOTA: non aggiungere il jaggery quando il latte è ancora sul fuoco perché potrebbe farlo cagliare.

Tutto qui. Il natun gud kheer è pronto.

A molti piace mangiarlo caldo. Oppure puoi lasciarlo raffreddare e metterlo in frigo per gustarlo freddo.

Preparazione: 1 minuto.

Cottura: 20 minuti

Totale: 21 minuti

Sevai kheer (budino di vermicelli)

Questo è un dolce molto popolare tra i musulmani in India, che lo mangiano durante il mese di Eid. Una versione più asciutta, il sevaiyyan, è altrettanto gustosa.

Ingredienti

Latte intero – 1 litro

Vermicelli secchi – 1 cucchiaio

Burro chiarificato – 1 cucchiaino

Zucchero q.b. (inizia con 3 cucchiai)

Latte in polvere – 2 cucchiai

Cardamomo verde – 2

Uvetta – 25 grammi (facoltativa)

Preparazione

Porta il latte a bollore in un wok profondo.

Fai cuocere a fuoco basso, continuando a mescolare per assicurarti che NON BRUCI NULLA.

Quando il composto inizia ad addensarsi, aggiungi il latte in polvere, lo zucchero e il cardamomo macinato.

Mescola bene e continua a mescolare per 5 minuti circa. Togli dal fuoco.

Scalda in una padella il burro chiarificato e aggiungi i vermicelli.

Saltali delicatamente per un minuto.

Nota: il burro chiarificato è solo per insaporire. Puoi ometterlo se vuoi tenere a bada le calorie.

Aggiungi i vermicelli al latte. Puoi aggiungere uvetta a piacere.

Lascia bollire per un minuto. Spegni il gas.

Lascia riposare per 10 minuti circa.

Tutto qui.

A molti piace mangiarlo caldo. Oppure puoi lasciarlo raffreddare e metterlo in frigo per gustarlo freddo.

Preparazione: 2 minuti.

Cottura: 20 minuti

Totale: 22 minuti

Ghola prasad o aatey ka kheer (porridge di farina integrale)

Non è proprio un porridge, ma è il piatto occidentale che gli assomiglia di più. Si mangia nell'India orientale specialmente durante alcune feste religiose, durante le quali è conosciuto come ghola prasad (letteralmente, benedizioni dissolte).

Di per sé è un pasto completo ed è molto riempiente se mangiato per colazione. La farina integrale rosolata dà al latte davvero un aroma molto gradevole. Una perfetta alternativa al porridge tradizionale, devo dire.

Potresti provare questa variante se sei stanco dei classici cereali o porridge per colazione.

Altrimenti consideralo solo un dessert indiano.

Ingredienti

Farina integrale – 1 tazza

Zucchero – ½ tazza

Burro chiarificato – 1 cucchiaio

Latte – 3 tazze

Cardamomo verde – 2

Anacardi – 50 grammi

Uvetta – 25 grammi

Mandorle – 25 grammi

Noci – 25 grammi

Fichi secchi – 25 grammi

Datteri secchi – 25 grammi

Preparazione

Metti il burro chiarificato in un wok e portalo sul fuoco.

Appena il burro chiarificato si scalda, aggiungi la farina integrale e fai saltare finché non sono leggermente dorati e mandano un buon odore.

Assicurati che la farina non bruci.

Spegni il gas.

Versa la farina rosolata in una ciotola.

Aggiungi lo zucchero, il latte con il cardamomo macinato e la frutta secca.

Mescola bene e lascia raffreddare per almeno mezz'ora prima di servire.

Tutto qui. Il ghola prasad o aatey ki kheer è pronto.

Preparazione: 5 minuti

Cottura: 5 minuti

Totale: 10 minuti

Budino di frutta

Ingredienti

Latte intero – 1 litro

Zucchero q.b. (inizia con 3 cucchiai)

Latte in polvere – 2 cucchiai

Frutta di stagione a pezzetti – 1 tazza

Uvetta – 25 grammi

Frutta secca mista – 50 grammi

Preparazione

Porta il latte a bollore in un wok profondo.

Fai cuocere a fuoco basso, continuando a mescolare per assicurarti che NON BRUCI.

Quando il composto inizia ad addensarsi, aggiungi il latte in polvere e lo zucchero.

Mescola bene e continua a mescolare per 5 minuti circa.

Spegni il gas.

Quando il composto si è leggermente raffreddato, aggiungi l'uvetta, la frutta fresca e secca.

Lascia raffreddare ancora un po', poi mettilo in frigo.

Servire freddo.

Questo delizioso budino alla frutta è pronto.

Preparazione: 5 minuti

Cottura: 20 minuti

Totale: 25 minuti

Budino senza uova

Quando sei di corsa o non hai la pazienza di far restringere il latte, c'è un'altra alternativa per avere un delizioso budino di frutta.

Ingredienti

Latte intero – 1 litro

Zucchero q.b. (inizia con 3 cucchiai)

Farina di mais – 3 cucchiai

Essenza di vaniglia o arancia – 3 gocce

Frutta di stagione a pezzetti – 1 tazza

Uvetta – 25 grammi

Frutta secca mista – 50 grammi

Preparazione

Sciogli la farina di mais in ½ tazza di latte.

Porta il resto del latte a bollore in un wok profondo.

Aggiungi la farina sciolta.

Il latte prenderà immediatamente una consistenza più densa.

Spegni il gas.

Quando il composto si è leggermente raffreddato, aggiungi l'uvetta, la frutta fresca e secca e l'essenza.

Lascia raffreddare ancora un po', poi mettilo in frigo.

Servire freddo.

Preparazione: 5 minuti

Cottura: 5 minuti

Totale: 10 minuti

Sandesh (paneer dolce)

Questo è un classico dell'India orientale, molto caro ai bengalesi.

Ingredienti

Paneer – 500 grammi

Zucchero – 250 grammi

Latte in polvere – 3 cucchiai

Cardamomo verde – 3 (o aroma a piacere)

Preparazione

Mischia tutti gli ingredienti in un wok profondo.

Nota: Se usi un'essenza o un aroma che non sia il cardamomo non aggiungerlo ora perché il calore potrebbe distruggerlo. Ricordati però di aggiungerlo prima di metterlo nel frullatore.

Metti il wok sul fuoco.

Continua a mescolare finché non si asciuga l'acqua e ottieni una consistenza densa.

Versa tutto in un frullatore e frulla bene.

Versa il composto in un piatto da portata e lascia raffreddare.

Ora fai delle piccole porzioni con le mani o delle formine.

Tutto qui. Il sandesh è pronto.

Preparazione: 5 minuti

Cottura: 10 minuti

Totale: 15 minuti

Natun gud sandesh (dolce di paneer e jaggery di palma)

Questo è un altro dolce leggendario dell'India orientale, adorato dai bengalesi.

Ingredienti

Paneer – 500 grammi

Jaggery di palma – 150 grammi

Zucchero – 100 grammi

Latte in polvere – 3 cucchiai

Preparazione

Mischia tutti gli ingredienti in un wok profondo.

Mettilo sul fuoco.

Continua a mescolare finché non si asciuga l'acqua e ottieni una consistenza densa.

Versa il tutto in un frullatore e frulla bene.

Versa il composto in un piatto da portata e lascia raffreddare.

Ora fai delle piccole porzioni con le mani o delle formine.

Tutto qui. Il natun gud sandesh è pronto.

Preparazione: 5 minuti

Cottura: 10 minuti

Totale: 15 minuti

Kachha gola (palline dolci di paneer)

Anche questo è un dolce tipico dell'India orientale, o meglio, del Bengala.

Ingredienti

Paneer – 500 grammi

Zucchero – 250 grammi

Latte in polvere – 2 cucchiai

Acqua di rose – qualche goccia

Preparazione

Mischia tutti gli ingredienti TRANNE L'ACQUA DI ROSE in un wok profondo.

Mettilo sul fuoco.

Continua a mescolare finché non si asciuga l'acqua e ottieni una consistenza densa.

Versa il composto in un piatto da portata e lascia raffreddare.

Aggiungi l'acqua di rose.

Ora fai delle piccole porzioni con le mani o delle formine. Tradizionalmente si fanno delle palline.

Il kacha gola è pronto.

Preparazione: 5 minuti

Cottura: 10 minuti

Totale: 15 minuti

Capitolo 11: Bevande

Ciò che gli indiani amano bere maggiormente è, hai indovinato, acqua naturale. Non frizzate, senza aromi aggiunti, semplicemente acqua; è questo ciò che gli abitanti di questa regione tropicale devono avere ad ogni pasto.

Certo, ci sono svariati tipi di fermentati, come quelli di orzo o riso come il Chhang, molto popolare nelle regioni del Ladakh e nello stato del Sikkim, o il Toddy, bevuto nelle zone costiere, fino a quelli distillati dai fiori di mahua, bevuto nelle zone tribali. E come dimenticare il fortissimo feni, ricavato dagli scarti dell'anacardo, così caro agli abitanti di Goa... La lista potrebbe essere infinita.

Gli sforzi delle multinazionali hanno inoltre raccolto i frutti anche qui, e gli indiani possono scegliere tra milioni di marche di whisky, rum, vodka, gin e vino.

Ma tutto questo si beve prima dei pasti, all'opposto di quanto si fa in occidente.

In molti hanno cercato di insegnare agli indiani come abbinare i vini al curry, ma, per essere gentili, ci stanno ancora provando.

Quindi lascerò alle multinazionali le loro strategie per concentrarmi su alcune bevande "casalinghe," se posso azzardarmi a definirle così, che gli indiani bevono senza problemi durante o prima dei pasti, a qualunque ora del giorno e della notte.

Ti presento quindi 11 bevande da preparare in un lampo: 6 frullati, 2 caffè, 2 lassi, e una limonata.

Frullato di mango

Ingredienti

Mango – 2 (se non trovi il mango fresco, puoi usare quello in scatola, circa 2 tazze)

Latte – 500 ml

Gelato alla vaniglia – 3 cucchiai (facoltativo)

Zucchero q.b.

Preparazione

Se usi il mango fresco, togli la pelle e il seme.

Taglialo a pezzettini e frullalo.

(Se usi il mango in lattina, ovviamente puoi saltare questo passaggio).

Metti il mango e il latte nel freezer per circa mezz'ora, in modo che diventino davvero freddi.

Dopodiché frulla il latte, il mango e lo zucchero.

Metti un cucchiaio di gelato alla vaniglia (facoltativo) in bicchieroni e poi versaci sopra il frullato. Questo aiuta a miscelare i due sapori, vaniglia e mango.

(Altrimenti versa solo il frullato in un grosso bicchiere e servi).

Preparazione: 7 minuti.

Cottura: nessuna

Totale: 7 minuti

Frullato di mango istantaneo

Se non hai abbastanza tempo per preparare un frullato di mango come descritto prima, o se non trovi manghi né freschi né in lattina, puoi provare questa scorciatoia.

Ingredienti

Succo di mango – 1 lattina o 1 tetrapack piccolo (freddo di freezer)

Gelato alla vaniglia – 2 cucchiai

Preparazione

Frulla bene il succo di mango e il gelato alla vaniglia.

Versa in un bicchiere e il frullato istantaneo di mango è pronto.

Preparazione: 5 minuti

Cottura: nessuna

Totale: 5 minuti

Frullato di banana

Ingredienti

Banana – 1

Latte – 250 ml (freddo di freezer)

Zucchero q.b.

Preparazione

Sbuccia la banana e frullala finché non ottieni una consistenza pastosa.

Aggiungi lo zucchero e il latte freddo.

Frulla di nuovo finché il latte e la banana sono ben miscelati.

Versa in un bicchiere.

Preparazione: 5 minuti

Cottura: nessuna

Totale: 5 minuti

Frullato di kiwi

Ingredienti

Kiwi – 2

Latte – 250 ml (freddo di freezer)

Zucchero q.b.

Preparazione

Sbuccia i kiwi e frullali finché non ottieni una consistenza pastosa.

Aggiungi lo zucchero e il latte freddo.

Frulla di nuovo finché il latte e i kiwi sono ben miscelati.

Versa in un bicchiere.

Preparazione: 5 minuti

Cottura: nessuna

Totale: 5 minuti

Frullato di fragola

Ingredienti

Fragole – 1 tazza

Zucchero – ½ tazza

Latte – 200 ml

Gelato alla vaniglia – 2 cucchiai

Preparazione

Nota che le fragole fresche frullate da sole nel latte NON SONO BUONE. Quindi ti suggerisco di preparare una conserva di fragole per avere un frullato paradisiaco.

Preparare la conserva di fragole.

Cuoci in una padella le fragole e lo zucchero finché le fragole non sono leggermente cotte.

Lascia raffreddare e mettila da parte per usi futuri.

Questa quantità è più di quella necessaria per un singolo frullato, ma farne di meno sarebbe un po' complicato.

Frulla bene il latte freddo, 4 cucchiai circa di conserva di fragole fredda e un cucchiaio di gelato alla vaniglia per circa 3 minuti.

Metti in un bicchiere alto un cucchiaio di gelato alla vaniglia e versaci sopra il frullato.

Tutto qui. Il frullato di fragole è pronto.

Preparazione: 5 minuti

Cottura: 5 minuti

Totale: 10 minuti

Frullato misto

Ingredienti

Frutta fresca (pelata e senza semi) – 1 tazza

Latte – 2 tazze

Zucchero q.b.

Preparazione

Taglia la frutta e lasciala raffreddare per almeno ½ ora prima di preparare il frullato.

Anche il latte dovrebbe essere freddo di freezer.

Frulla la frutta finché non ottieni una consistenza pastosa.

Aggiungi il latte e lo zucchero e frulla di nuovo.

Versa in bicchieri e gusta il tuo frullato di frutta mista.

Preparazione: 10 minuti.

Cottura: nessuna

Totale: 10 minuti

Caffè freddo

Ingredienti

Latte – 200 ml

Caffè istantaneo – 2 cucchiaini

Zucchero o dolcificante q.b.

Ghiaccio tritato – 100 ml

Preparazione

Raffredda il latte nel freezer finché non è quasi congelato.

Metti in un frullatore il caffè e lo zucchero, poi aggiungi il latte.

Frulla per un minuto.

Aggiungi il ghiaccio tritato e frulla di nuovo per 3-4 minuti

Versa in bicchieri e gusta il tuo caffè freddo.

Preparazione: 2 minuti.

Cottura: nessuna

Totale: 2 minuti

Caffè freddo con gelato

Ingredienti

Latte – 200 ml

Caffè istantaneo – 2 cucchiaini

Zucchero o dolcificante q.b.

Gelato alla vaniglia – 2 cucchiai

Preparazione

Raffredda il latte nel freezer finché non è quasi congelato. Metti in un frullatore il caffè e lo zucchero, poi aggiungi il latte. Frulla per un minuto. Aggiungi un cucchiaio di gelato e frulla di nuovo per 3-4 minuti. Metti in un bicchiere alto un cucchiaio di gelato alla vaniglia e versaci sopra il caffè. Il caffè freddo con gelato è pronto.

Suggerimento: puoi anche aggiungere un goccio di liquore al caffè per un po' di sapore extra.

Preparazione: 3 minuti.

Cottura: nessuna

Totale: 3 minuti

Lassi di mango

Ingredienti

Mango – 2 (se non trovi il mango fresco, puoi usare quello in scatola, circa 2 tazze)

Yogurt – 500 ml

Ghiaccio tritato – 200 ml

Zucchero o dolcificante q.b.

Preparazione

Pela e togli il seme ai manghi.

Tagliali a pezzetti e frullali.

Metti il mango e lo yogurt nel freezer per circa mezz'ora, in modo che diventino davvero freddi.

Frulla lo yogurt, i manghi, lo zucchero e il ghiaccio tritato.

Mescola bene.

Versa il lassi in grossi bicchieri.

Il lassi di mango è pronto.

Preparazione: 7 minuti.

Cottura: nessuna

Totale: 7 minuti

Lassi di rosa

Questo è il lassi nei ristoranti dell'India settentrionale.

Ingredienti

Yogurt – 500 ml

Ghiaccio tritato – 200 ml

Zucchero o dolcificante q.b.

Essenza di rosa – qualche goccia o acqua di rose – 1 cucchiaio

Preparazione

Frulla bene lo yogurt, il ghiaccio, lo zucchero e l'essenza di rosa/
l'acqua di rose.

Mescola bene.

Versa in un bicchiere.

Tutto qui. Il lassi di rosa è pronto.

Preparazione: 2 minuti.

Cottura: nessuna

Totale: 2 minuti

Nimboo paani (limonata indiana)

Ingredienti

Succo di 1 limone

Zucchero – 2 cucchiai

Un pizzico di sale

Acqua – 250 ml

Preparazione

Mischia lo zucchero con metà dell'acqua.

Quando lo zucchero si è sciolto, aggiungi il resto dell'acqua, il succo di limone e un pizzico di sale.

Mescola bene.

Tutto qui. La nimboo paani è pronta.

Puoi sostituire l'acqua con la soda per la versione da ristorante di questa bevanda.

Preparazione: 2 minuti.

Cottura: nessuna

Totale: 2 minuti

Capitolo 12: cucinare per gradi, procedere in parallelo e progettare un pasto Indiano completo

Ammettiamolo. Portare a tavola un pasto indiano completo intimorisce persino gli indiani.

Prediamo un esempio da casa mia. Un tipico pasto di TUTTI I GIORNI comprende del riso o del pane indiano, un dal, un curry (vegetariano o no) e un piatto di verdure. Non considero gli spuntini e i dolci perché sono sempre pronti in frigo e possono essere messi a tavola sul momento se qualcuno ne ha voglia.

Quanto tempo pensi ci voglia per mettere insieme questo pasto, così come l'ho descritto? Due ore?

Che diresti se affermassi che in media impieghiamo 30 minuti? Impossibile? Lasciami dimostrare che NON è impossibile.

Ma prima di questo, consideriamo i concetti con cui ho aperto il capitolo: CUCINARE IN SEQUENZA e PROCEDERE IN PARALLELO. È assolutamente necessario utilizzare appieno questi due strumenti per raggiungere il nostro obiettivo.

Una sequenza è sapere cosa fare prima e dopo, in modo logico e naturale. Per esempio indossando prima i calzini e poi le scarpe, metti le tue azioni in sequenza in modo molto naturale, senza neanche pensarci.

Puoi migliorare la qualità della sequenza programmando e anticipando i vari passi. Perciò se devi andare a una festa e hai già deciso cosa indossare, dovresti anche scegliere le scarpe e tenerle a portata di mano invece di decidere all'ultimo. E andando a ritroso, dovresti anche controllare se il vestito è stirato e le scarpe pulite.

Applicare il buon senso alla cucina significa che una volta deciso cosa cucinare, dovresti tutti gli ingredienti e lavarli, asciugarli, tagliarli o frullarli nell'ordine richiesto dalla ricetta. Questo è ciò che i francesi chiamano mise en place. Davvero non si può cucinare in un LAMPO senza fare proprio questo principio di cucina intelligente.

Procedere in parallelo è l'arte di destreggiarsi tra due o più compiti allo stesso tempo senza, si spera, incidere sulla qualità. Quindi, guidare ascoltando musica è un processo in parallelo che tutti pratichiamo agilmente. In cucina significa che mentre un piatto cuoce, si inizia a tagliare, frullare o quel che serve per il prossimo piatto e così via.

Mi spiace se ti sto confondendo o peggio, se sembro ampolloso. Quindi senza ulteriori discussioni, lascia che ti dia un vero esempio di come usare queste due tecniche di cucinare in sequenza e procedere in parallelo per mettere assieme un vero pasto indiano di 4 portate in meno di 30 minuti.

Suggerimento per un pasto base: riso, arhar dal, keema mattar e aloo gobi.

Per prima cosa, quella più ovvia: prendi tutti gli ingredienti richiesti dalla ricetta e suddividili.

Poi prepara tutti gli utensili necessari.

Ora, pesa e lava il riso e mettilo ad asciugare.

Lava il dal e mettilo nella pentola a pressione con acqua, curcuma e sale. Accendi il gas e metti la pentola sul fuoco.

Taglia i pomodori e aggiungili al dal.

Ora chiudi la pentola a pressione e falla andare a fuoco alto.

Mentre il dal cuoce (e nella pentola a pressione non ha bisogno di essere controllato), taglia le cipolle, lo zenzero, l'aglio e i pomodori per il keema mattar e l'aloo gobi.

Per il keema mattar, frulla il composto di cipolle, aglio, zenzero e pomodori.

Ora cuoci il keema mattar (in un'altra pentola a pressione).

Il dal dovrebbe ora essere pronto. Quindi spegni il fuoco e lascia raffreddare la pentola.

Cuoci le patate e il cavolfiore al vapore nel microondeMetti a cuocere il riso (in una terza pentola a pressione, oppure segui una delle altre opzioni descritte nella ricetta).

Mentre il riso cuoce (e nella pentola a pressione non ha bisogno di essere controllato), inizia a cucinare l'aloo gobi.

Il dal dovrebbe essersi ormai freddato. Se non lo è, raffredda la pentola sotto acqua corrente e apri il coperchio. Ora aggiungi le spezie al dal .

Quando ogni piatto è pronto, trasferiscilo in un contenitore termico. Questo aiuta a tenere il cibo caldo per 2-3 ore, in modo che tu possa mangiarlo bello caldo senza bisogno di riscaldarlo.

Così facciamo tutti i giorni a casa mia.

Ovviamente c'è bisogno di pratica e familiarità con i piatti che prepari. Non puoi riuscirci la prima volta che cucini un piatto per la prima volta in vita tua.

Ma in fondo, chi ha detto che cucinare debba essere una corsa contro il tempo? E che succederebbe se cucinassi, per esempio, due piatti la sera prima e due il giorno successivo? Dopo tutto, conserviamo dolci e salse in frigo, per averli a portata di mano. E per quel che conta, chi dice che debbano esserci almeno 4 piatti per avere un vero pasto indiano? Cadrà mica il celo se prepari un khichdi, un piatto unico che costituisce un pasto di per sé e che si offre spesso agli déi? O se solo prepari del poori e del curry?

Hai notato che il mio pasto da preparare in un LAMPO usa tre pentole a pressione, una per il riso, una per il dal e una per il keema mattar, un wok per l'aloo gobi, un frullatore e un microonde con vaporiera? Abbiamo investito in queste attrezzature perché ora le usiamo ogni giorno.

Ma se cucini indiano solo ogni tanto, non è fattibile investire in tutte quelle pentole a pressione. Quindi usa ciò che hai. Ho già descritto alcune alternative alla pentola a pressione ma sono sicuro che ne troverai altrettanti per le tue attrezzature preferite.

Il punto è che, semplicemente, se pianifichi bene, metti in sequenza le tue azioni e cucini alcuni piatti in parallelo, puoi mettere assieme un pasto in un LAMPO.

Pianificazione dei pasti e ultimi consigli...

Mantenendo intatta la struttura dei 4 piatti, puoi creare infinite varianti del pasto indiano "casalingo." Per esempio, puoi sostituire il semplice riso bollito con uno qualunque degli altri 6 tipi di riso o dei 3 di pane descritti nel capitolo 5.

Allo stesso modo puoi sostituire l'arhar dal con qualunque altro dal descritto nel capitolo 6; il keema mattar con uno dei piatti di carne o pesce del capitolo 8; e l'aloo gobi con uno dei 14 piatti citati nel capitolo 7.

Poi provare anche qualche combinazione meno complicata. Se per esempio prepari un pulao, potresti non avere bisogno del dal ad accompagnarlo. Puoi invece preparare solo un curry e un piatto di verdure, per un pasto da 3 portate.

Similmente, se scegli uno dei pani speciali come il poori o la paratha, potresti volere solo un altro piatto o un curry, senza necessità del dal. In questo modo avresti un pasto di due portate, ma ugualmente delizioso (chiedi a qualunque indiano!).

E se opti per il khichdi, che è un piatto completo di per sé, ti basterà aggiungere un aloo bharta e del chutney di pomodoro. Ovviamente, se il khichdi è in occasione di una festa, allora potresti aggiungere del baigun bhaja, dei sottaceti e delle papadum arrostite. Sarebbe un sontuoso piatto da sei portate, ma puoi sempre dire che stai "banchettando" per compiacere il dio Shani (Saturno)!

Non sono un matematico, ma per farla breve sto cercando di dirti che possono letteralmente esistere migliaia di varianti e combinazioni del pasto indiano. E inoltre ci sono infinite possibilità di infilare uno o due piatti indiani in un pasto occidentale di 3 portate, come già succede. Potresti aver visto un riso pilaf come accompagnamento al pollo arrosto o il pollo tikka masala servito con toast all'aglio.

Perciò lascia scatenare la tua immaginazione e fai fiorire migliaia di fiori.

Bon appétit.

Altri libri di cucina di Prasenjeet Kumar

COME CUCINARE IN UN LAMPO: ANCHE SE NON AVETE MAI LESSATO UN UOVO PRIMA

CUCINA INDIANA CASALINGA IN UN LAMPO

LA CUCINA SALUTARE IN UN LAMPO: UNA GUIDA SENZA DIETE O MODE ALIMENTARI

COME PREPARARE UN PASTO COMPLETO IN UN LAMPO

LA GUIDA DEFINITIVA PER CUCINARE LE VERDURE ALLA MANIERA INDIANA

LA GUIDA DEFINITIVA PER CUCINARE LE LENTICCHIE ALLA MANIERA INDIANA

LA GUIDA DEFINITIVA PER CUCINARE IL PESCE ALLA MANIERA INDIANA

LA GUIDA DEFINITIVA PER CUCINARE IL POLLO ALLA MANIERA INDIANA

LA GUIDA DEFINITIVA PER CUCINARE IL RISO ALLA MANIERA INDIANA

LA GUIDA DEFINITIVA PER CUCINARE I DOLCI ALLA MANIERA INDIANA

LA GUIDA DEFINITIVA PER PREPARARE SNACK
ALLA MANIERA INDIANA

Libri di NARRATIVA di Prasenjeet Kumar

UN AMORE DI LEGALE

AUTISTICAMENTE TUO

NESSUNA TRACCIA DI LEI...

Libri di Prasenjeet Kumar per Persone Introverse, della Serie "Quiet Phoenix"

ELOGIO DELLA PACATEZZA: STORIE DI ISPIRAZIONE PER GLI INTROVERSI E GLI IPERSENSIBILI

FENICE TRANQUILLA: GUIDA PER INTROVERSI PER RISORGERE NEL LAVORO E NELLA VITA

ELOGIO DEL LEADER PACATO: STORIE EDIFICANTI DI LEADER INTROVERSI CHE HANNO CAMBIATO LA STORIA

ELOGIO DEGLI ARTISTI PACATI: STORIE EMOZIONANTI DI ARTISTI INTROVERSI CHE IL MONDO NON POTRÀ MAI DIMENTICARE

Libri di Prasenjeet Kumar della Serie "Self-Publishing **WITHOUT SPENDING A DIME**"

COME ESSERE UN AUTORE/IMPRENDITORE SENZA SPENDERE UN SOLDO

COME TRADURRE IL TUO LIBRO SENZA SPENDERE UN SOLDO

COME COMMERCIALIZZARE I TUOI LIBRI SENZA SPENDERE UN SOLDO

COME DIVENTARE UNO SCRITTORE FELICE SENZA SPENDERE UN SOLDO

Contatta l'autore

Visitateci pure su: http://publishwithprasen.com

Se avete domande o commenti, non esitate a scriverci in qualsiasi momento: prasenjeet@publishwithprasen.com

Ci piacerebbe essere in contatto con voi anche sui social media. Seguiteci su:

Twitter

https://twitter.com/CookinginaJiffy

Goodreads

https://www.goodreads.com/prasenjeet

Puoi invece contattare la traduttrice all'indirizzo km1000@wererabbit.net o seguirla sul blog culinario Km 1000

L'autore

Prasenjeet Kumar è autore/coautore di oltre 39 libri di quattro generi: narrativa, libri motivazionali per persone introverse (serie "Quiet Phoenix"), libri sull'autopubblicazione (serie "Self-Publishing WITHOUT SPENDING A DIME") e libri di cucina (serie "Cooking In A Jiffy"). I suoi libri (oltre 100 titoli, che continuano ad aumentare) sono stati tradotti in francese, tedesco, italiano, giapponese, spagnolo e portoghese e sono venduti in più di 50 paesi.

Prasenjeet si è laureato in Giurisprudenza presso lo University College London (2005-2008), London University, e si è laureato con lode in Filosofia presso il St. Stephen's College (2002-2005), Delhi University. Inoltre, ha conseguito un Diploma in Legal Practice Course (LPC) presso il College of Law, Bloomsbury, Londra, e per un breve periodo ha fatto l'avvocato in Inghilterra e in Galles.

Prasenjeet ama il cibo gourmet, la musica, i film e i viaggi. Ha già visitato venticinque luoghi tra paesi, regioni e città, tra cui Canada, Cina, Danimarca, Dubai, Germania, Grecia, Hong Kong, Indonesia, Israele, Italia, Giordania, Macao, Malesia, Mauritius, Montenegro, Nepal, Sharjah, Spagna, Svezia, Svizzera, Thailandia, Turchia, Regno Unito, Uzbekistan e Stati Uniti.

Prasenjeet è un designer, scrittore, editore autodidatta e orgoglioso proprietario del sito web cookinginajiffy.com che ha dedicato a sua madre. Gestisce anche un altro sito web, publishwithprasen.com, in cui condivide suggerimenti sulla scrittura e sull'autopubblicazione.

www.ingramcontent.com/pod-product-compliance
Lightning Source LLC
LaVergne TN
LVHW091701190726
843493LV00001B/90